✿ 그림으로 재미있게 역사를 익히는

우리 역사 그림 연표

그림으로 재미있게 역사를 익히는
우리 역사 그림 연표 ❶ 정치·경제 편

1판 1쇄 발행 | 2010. 7. 28.
1판 6쇄 발행 | 2016. 7. 27.

지호진 글 | 이혁 그림

발행처 김영사 | **발행인** 김강유
편집주간 전지운 | **편집** 고영완 문자영 김지아 박은희 김선민 김효성 김보민
디자인 김순수 김민혜 윤소라 | **해외저작권** 김소연
마케팅부 이재균 곽희은 김영준 백미숙 이호윤 이연구 | **제작부** 김일환
등록번호 제 406-2003-036호
등록일자 1979. 5. 17.
주소 경기도 파주시 문발로 197(우-10881)
전화 마케팅부 031-955-3102 | 편집부 031-955-3113~20 | 팩스 031-955-3111

ⓒ 2010 지호진, 이혁
이 책의 저작권은 저자에게 있습니다.
서면에 의한 저자와 출판사의 허락없이 내용의 일부를 인용하거나 발췌하는 것을 금합니다.

값은 뒤표지에 있습니다.
ISBN 978-89-349-4016-6 73900

좋은 독자가 좋은 책을 만듭니다. 김영사는 독자 여러분의 의견에 항상 귀 기울이고 있습니다.
독자의견전화 031-955-3139 | 전자우편 book@gimmyoung.com
홈페이지 www.gimmyoungjr.com | 어린이들의 책놀이터 cafe.naver.com/gimmyoungjr

⚠**주의** 책 모서리에 찍히거나 책장에 베이지 않게 조심하세요.

그림으로 재미있게 역사를 익히는

우리 역사 그림 연표

정치·경제편

지호진 글 | 이혁 그림

주니어김영사

저자의 글

《우리 역사 그림 연표》의 힘을 믿으며!

여러분은 역사를 공부하면서 '연표'라는 말을 많이 들어 봤을 거예요. 연표란 옛날에 있었던 일들을 시간의 순서에 따라 알기 쉽게 표로 정리한 거예요. 역사적인 사건들이 시간의 순서에 따라 기록되어 있고 간략하게 잘 요약되어 있어서 연표를 보면 중요한 사건들이 언제, 어떻게 일어났는지 쉽게 이해하고 기억할 수 있지요.

그렇지만 이런 연표에는 사건의 내용이나 과정, 그 사건이 지니고 있는 역사적인 의미가 생략되어 있어서, 역사의 흐름과 시대적인 배경에 대한 이해를 방해하기도 하지요. 나아가 역사에 대한 흥미를 떨어뜨리기도 하고요.

저희 두 작가는 오랫동안 우리나라 역사책을 함께 만들어 오면서, 어떻게 하면 '연표'라는 형식의 장점을 살리고 단점은 보완하여, 아이들에게 재미 넘치고 유익한 역사 연표를 만들어 보여 줄까 오랫동안 고민하고 연구해 왔답니다.

역사 속 다양한 사건들을 일목요연하게!
사건 하나하나 충분히 이해할 수 있도록 구성은 꼼꼼하게!
그림이나 만화를 보는 것처럼 재미있게!
역사의 흐름뿐만 아니라 지리적인 위치도 쉽게 이해할 수 있도록 역사 지도도 함께!

저희는 의기투합하여 이런 점들을 최대한 살리자고 했어요. 그리고 자료를 찾고 고민하면서 구체적인 방향을 설정하고 내용을 구성한 뒤, 시행착오를 거쳐 《우리 역사 그림 연표》라는 책을 만들게 된 거랍니다. 오랜 시간 힘들고 어려운 작업을 하면서도, 이 책이 어린이 여러분에게 우리 역사에 대한 관심과 이해를 넓히는 훌륭한 학습 자료가 될 것이라고 확신했기 때문에 아무리 힘들어도 포기하지 않았어요.

이제 열매를 맺어 드디어 이 책이 독자 여러분 곁으로 갑니다. 부디 이 책이 여러분에게 든든하고도 알찬 역사의 친구가 되길 간절히 바랍니다.

마지막으로 3년이 훌쩍 넘도록 변함없는 기대와 아낌없는 도움을 주신 주니어김영사 식구들에게 깊은 감사의 마음을 전합니다.

지호진·이혁

이 책의 구성

100년의 역사를 한눈에
우리나라의 정치, 경제 역사를 100년 단위로 한 꼭지씩 구성했어요. 100년 안에 일어난 중요한 사건들과 변화를 일목요연하게 알 수 있고, 시대의 흐름도 한눈에 볼 수 있지요.

시대의 배경과 흐름을 단숨에
한 꼭지가 시작될 때마다 그 시대의 정치와 경제를 요약하고 정리해 두었어요. 전체적인 배경과 사건의 흐름을 단숨에 이해할 수 있지요.

중요한 사건은 인상 깊게
다른 사건에 큰 영향을 주거나 큰 변화를 불러일으킨 중요한 사건들은 큰 그림으로 쉽고도 인상 깊게 만나 볼 수 있어요.

사건의 내용은 쉽게
모든 정치, 경제 역사는 재미있게 만화를 읽어 가듯 4칸 그림으로 구성을 했어요. 복잡한 사건도 압축해 놓아서 사건의 발단과 진행 과정, 결과를 술술 이해할 수 있지요.

만화 대사는 재미있게

사건의 핵심을 간결하고도 재미있는 그림으로 그려 내어
자칫 딱딱해질 수 있는 해설을 부드럽게 녹여 냈어요.
또 엉뚱하고 기발한 인물들의 대사가 책을 보는 재미를
더해 주지요.

주요 사건은 그림지도로 이해하게

한 꼭지마다 정치, 경제 역사의 흐름을 지도로 구성하여
역사 속 사건이 어느 곳에서 일어났으며, 어떻게 변화해 갔는지
그림으로 떠올릴 수 있게 했어요.

사건의 진행 과정을 분명하게

역사 지도 안에 있는 주제별 지도는 교과서에서는 언급되었지만
다른 자료에서는 찾기 힘든 사건들을 정리해 지도로 그려 낸 거예요.
역사적인 사건의 진행 과정을 보다 분명하게 이해할 수 있어요.

숨은 역사를 꼼꼼하게

주제와는 별도로, 역사적으로 꼭 알아야 할 내용을 전부 찾아내
역사에 대한 지식과 배경까지도 꼼꼼하게 알 수 있게 했어요.
이 책에 나와 있는 연도는 국사편찬위원회와 한국학중앙연구원에서
정리한 내용을 따랐어요.

사건이 일어난 시대를 단번에

사건이 벌어지고 있는 때가 어느 시대인지를 콕 집어 주는
역사 내비게이션을 각 쪽마다 위쪽에 배치했어요.
각 시대를 대표하는 캐릭터들만 보아도 지금 시대가
언제인지 알 수 있을 거예요.

차례

선사 시대 기원전 70만 년~기원전 8000년 — 10

고조선 기원전 2333년~기원전 101년 — 14

고조선에 뒤이은 나라들 1 기원전 100년~기원전 1년 — 20

고조선에 뒤이은 나라들 2 1년~100년 — 26

고조선에 뒤이은 나라들 3 101년~200년 — 32

고조선에 뒤이은 나라들 4 201년~300년 — 38

삼국 시대 1 301년~400년 — 44

삼국 시대 2 401년~500년 — 50

삼국 시대 3 501년~600년 — 56

삼국 시대 4와 통일 신라 시대 1 601년~700년 — 62

통일 신라 시대 2와 발해 1 701년~800년 — 68

- **13** 선사 시대 지도 / 빗살무늬토기 유적지 지도
- **19** 고조선 지도
- **25** 고조선에 뒤이은 나라들 1 지도 / 연맹왕국 세력 범위 지도 / 개국 설화 발생지 지도
- **31** 고조선에 뒤이은 나라들 2 지도 / 삼국의 형성 지도
- **37** 고조선에 뒤이은 나라들 3 지도 / 6가야의 위치 지도 / 신라의 주변 지역 점령 지도
- **43** 고조선에 뒤이은 나라들 4 지도 / 백제의 도읍지 주변 성들 지도
- **49** 삼국 시대 1 지도 / 백제의 전성기와 해외 활동 지도
- **55** 삼국 시대 2 지도 / 고구려의 전성기 지도
- **61** 삼국 시대 3 지도 / 고구려의 수·당 침입 격퇴 지도 / 신라의 전성기 지도
- **67** 삼국 시대 4와 통일 신라 시대 1 지도 / 9주 5소경 지도 / 신라의 삼국통일 영토 지도
- **73** 통일 신라 시대 2와 발해 1 지도 / 통일 신라의 10정 지도

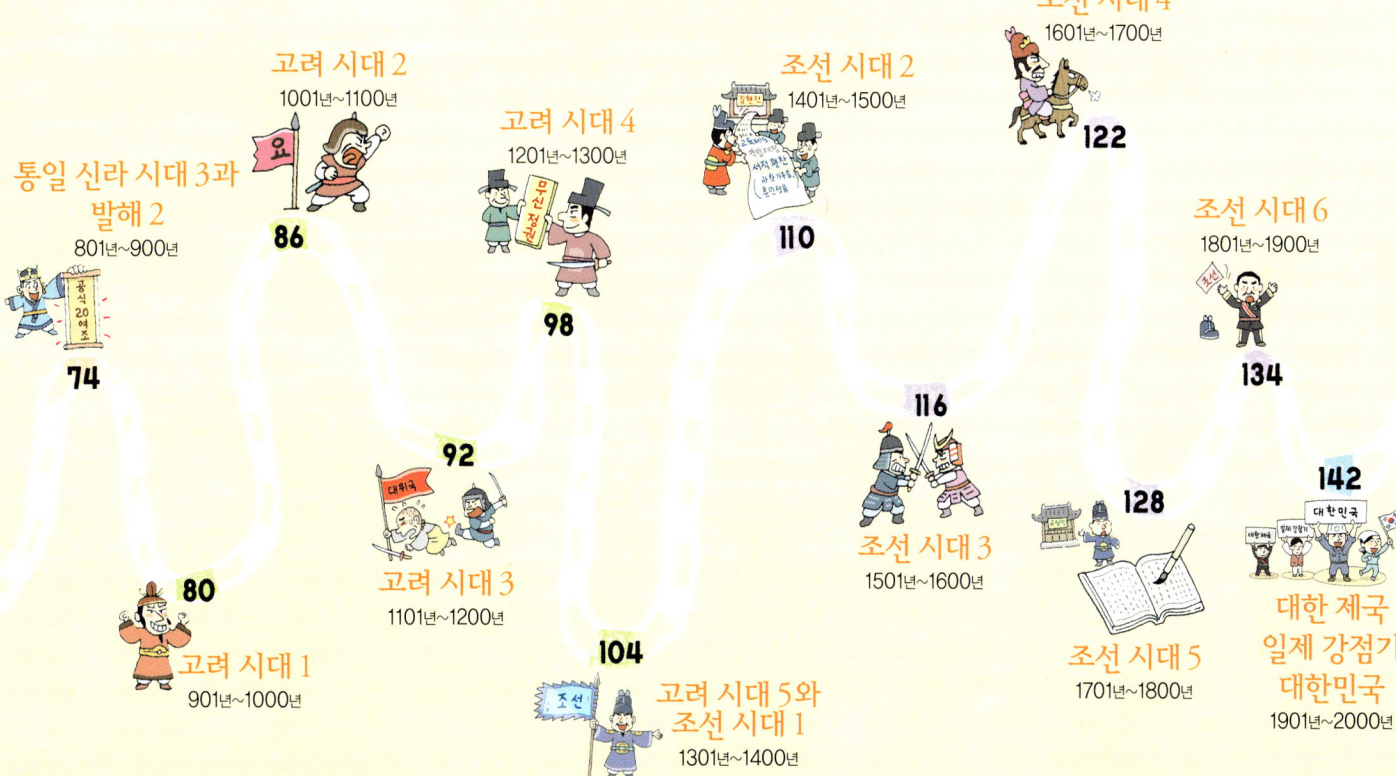

- 79 통일 신라 시대 3과 발해 2 지도 / 발해의 도읍지와 행정구역 지도 / 청해진과 장보고의 해상 활동 지도
- 85 고려 시대 1 지도 / 후삼국 세력 지도 / 고려의 영토 지도
- 91 고려 시대 2 지도 / 지방 통치기구 12목 지도 / 강동 6주와 천리장성 지도
- 97 고려 시대 3 지도 / 고려의 행정구역 5도 양계 지도 / 윤관의 동북 9성 지도
- 103 고려 시대 4 지도 / 몽골의 침입과 고려의 항쟁 지도
- 109 고려 시대 5와 조선 시대 1 지도 / 고려 말 외적 침입과 격퇴 지도
- 115 조선 시대 2 지도
- 121 조선 시대 3 지도 / 임진왜란 3대첩과 의병활동 지도 / 이순신 장군이 활약한 해전 지도
- 127 조선 시대 4 지도 / 정묘호란과 병자호란 때의 항전 지도
- 133 조선 시대 5 지도 / 조선 후기 상업과 무역 활동 지도
- 141 조선 시대 6 지도
- 151 대한 제국, 일제 강점기, 대한민국 지도 / 항일의병과 독립군 활동 지역 지도

선사 시대

기원전 **70**만 년~기원전 **8000**년

인류가 문명을 이루고 문자를 발명하기 전인 선사 시대에도 우리 역사를 이루는 한반도와 동아시아에는 사람들이 살고 있었다. 그들은 자연환경에 적응하면서 살았지만 오랜 세월을 거쳐 오는 동안 도구를 만들어 쓰고 농사도 지으며 삶의 모습을 바꾸어 갔다. 그리고 씨족이 모여 마을을 이루고 다시 부족을 이루어 생활하기 시작했다.

기원전 70만 년 한반도에 구석기 시대 사람들이 살다

한반도에 사람이 처음으로 등장한 때는 지금으로부터 약 70만 년 전쯤이다. 이들은 주로 강 언덕이나 산등성이에서 살면서 짐승이나 물고기를 잡아먹고, 나무 열매나 풀뿌리를 캐 먹으며 생활했다. 그러나 먹을거리가 떨어지고 추위가 닥쳐 오면 먹을 것을 찾아 옮겨 다녔다.
구석기 시대 사람들은 돌을 내려치거나 깨뜨려서 날카롭게 만든 '뗀석기'로 사냥을 하고 생활에 필요한 도구를 만들었다. 또한 불을 이용해 추위를 견디고 맹수를 물리치기도 했다.
구석기 시대 사람들의 흔적은 단양 금굴과 상원 검은모루 동굴에서 찾아볼 수 있다.

기원전 10만 년~기원전 4만 년 집단 사냥을 하고 죽은 사람을 묻다

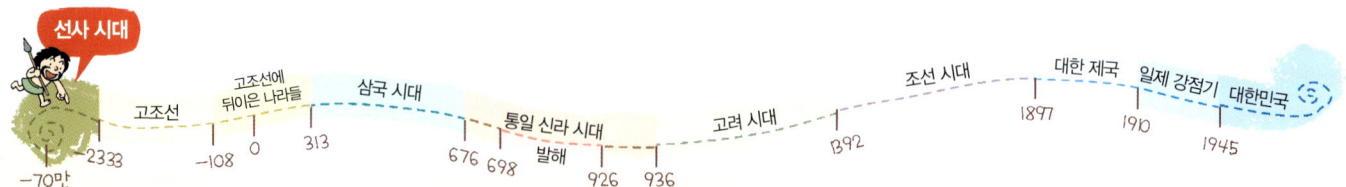

기원전 4만 년~기원전 1만 년 집을 짓고 가죽옷을 입기 시작하다

생김새가 우리와 거의 비슷한 구석기 시대 사람이 나타나 강가나 바닷가에 막집을 짓고 살았다.

막집은 원뿔 모양의 나무기둥을 둘러 세우고 가죽이나 풀을 덮어 만들었다. 출입문 바깥에 화덕도 있었다.

이들은 돌을 날카롭게 만들어 도구로 썼으며, 짐승의 가죽으로 옷을 해 입기도 했고,

사냥감이 많이 잡히길 기원하며 동굴 벽이나 바위에 그림을 그리기도 했다.

기원전 1만 년 뼈를 이용해 물고기를 잡고 야생 곡물을 재배하다

구석기 시대 사람들은 살과 뼈로 물고기 잡는 도구를 만들었고, 활과 화살을 만들어 쓰기도 했다.

그리고 짐승을 산 채로 잡아 우리에서 기르거나 야생 곡물을 재배하기 시작했다.

이때를 구석기 시대와 신석기 시대의 중간쯤으로 보아 '중석기'라고 한다.

사람들은 이때에도 사냥과 채집 생활을 했고, 무리 지어 옮겨 다니며 살았다.

기원전 8000년 무렵 씨족 중심의 공동체 생활을 하다

신석기 시대 사람들은 돌을 갈아서 날카롭게 만든 간석기를 썼다.

또 돌을 갈아 농기구를 만들었고, 동물의 뼈를 갈아서 바늘로 만들어 그물을 만들거나 옷을 해 입었다.

조, 피, 수수 같은 잡곡을 농사 지으며 한곳에 모여 정착 생활을 했다.

사람들이 점차 늘어나 혈연(가족) 중심에서 씨족(친족) 중심의 공동체로 바뀌었다.

지도로 한번더 보는 역사 — 선사 시대 (기원전 70만 년 ~ 기원전 8000년)

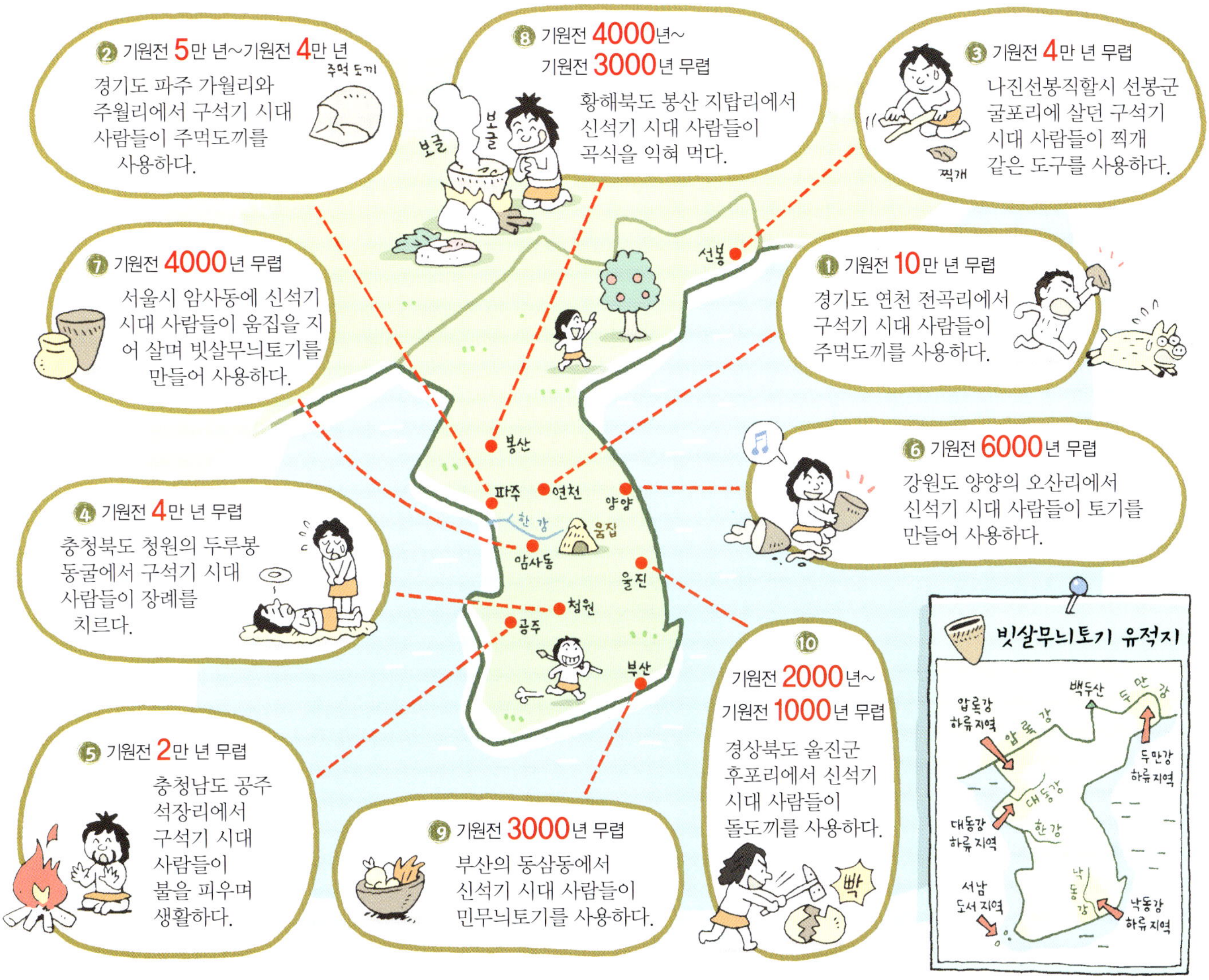

❷ 기원전 5만 년~기원전 4만 년
경기도 파주 가월리와 주월리에서 구석기 시대 사람들이 주먹도끼를 사용하다.

❽ 기원전 4000년~기원전 3000년 무렵
황해북도 봉산 지탑리에서 신석기 시대 사람들이 곡식을 익혀 먹다.

❸ 기원전 4만 년 무렵
나진선봉직할시 선봉군 굴포리에 살던 구석기 시대 사람들이 찍개 같은 도구를 사용하다.

❼ 기원전 4000년 무렵
서울시 암사동에 신석기 시대 사람들이 움집을 지어 살며 빗살무늬토기를 만들어 사용하다.

❶ 기원전 10만 년 무렵
경기도 연천 전곡리에서 구석기 시대 사람들이 주먹도끼를 사용하다.

❻ 기원전 6000년 무렵
강원도 양양의 오산리에서 신석기 시대 사람들이 토기를 만들어 사용하다.

❹ 기원전 4만 년 무렵
충청북도 청원의 두루봉 동굴에서 구석기 시대 사람들이 장례를 치르다.

❿ 기원전 2000년~기원전 1000년 무렵
경상북도 울진군 후포리에서 신석기 시대 사람들이 돌도끼를 사용하다.

❺ 기원전 2만 년 무렵
충청남도 공주 석장리에서 구석기 시대 사람들이 불을 피우며 생활하다.

❾ 기원전 3000년 무렵
부산의 동삼동에서 신석기 시대 사람들이 민무늬토기를 사용하다.

빗살무늬토기 유적지: 압록강 하류 지역, 백두산, 두만강 하류 지역, 대동강, 한강, 낙동강 하류 지역, 서남 도서 지역

이 시대엔 이런 일들도!

기원전 30만 년~기원전 20만 년 무렵
구석기 시대 사람들이 뗀석기를 조금 다듬어 사용하고 강가에서도 살기 시작했다.

기원전 10만 년 무렵
연천 전곡리에서 구석기 시대 사람들이 주먹도끼를 사용했다.

기원전 1만 년 무렵
한반도가 지금과 같은 지형·기후·동식물의 모습을 갖추었다.

기원전 2400년 무렵
일부 학자들은 이때 한반도에 청동기가 전래되었을 것이라고 짐작한다.

기원전 2000년 무렵
한반도에서 벼농사를 짓기 시작했다.

우리 역사 그림 연표 13

고조선

기원전 **2333**년~기원전 **101**년

한반도를 중심으로 우리 민족이 처음 세운 나라는 고조선이다. 고조선은 주변의 부족들을 정복해 연맹 왕국을 이루었으며 청동기 시대에 등장해 철기 시대까지 이어졌다. '단군왕검'이라는 통치자가 엄격한 법률로 나라를 다스렸고, 귀족과 노비 같은 계급도 있었다. 이 시대에 '위만'이라는 인물이 새 왕조를 열어 중국의 한나라와 세력 다툼을 치열하게 벌이기도 했다.

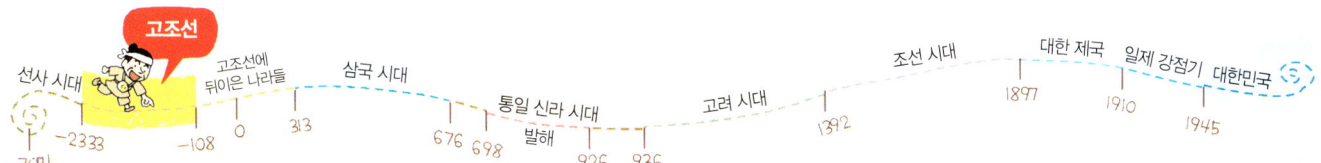

기원전 2333년 단군이 조선을 세우다

단군왕검이 아사달을 도읍지로 정하고 부족들을 모아 나라를 세워 '조선'이라 이름 지었다. 아사달의 위치는 지금의 '평양 부근'이거나 혹은 '중국의 요동(만주) 지역'으로 짐작하고 있다.
《삼국유사》에는 단군왕검이 나라를 다스린 기간이 1,500년이며 단군의 나이는 1,908세나 된다고 나와 있다. 따라서 단군왕검이 계속 고조선을 지배한 것이 아니라 그 후손들이 왕위를 이어 갔을 것이라고 본다. 단군왕검은 제사장이면서 통치자라는 뜻을 담고 있는 호칭이므로, 고조선 최고 권력을 나타내는 이름으로 봐야 한다는 주장도 있다.

기원전 1100년 무렵 8조 금법을 시행하다

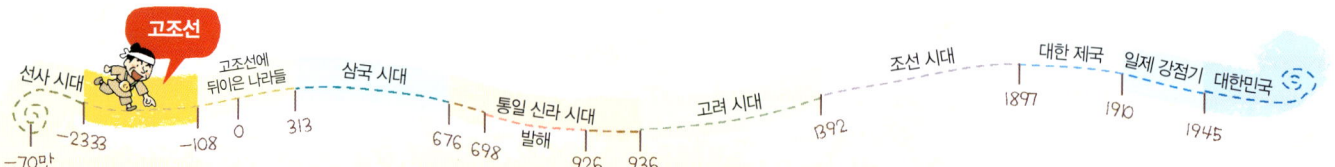

기원전 400년 철기 문화를 발전시켜 세력을 넓히다

기원전 300년 무렵 연나라와 전쟁을 벌이다

기원전 300년 무렵 부여가 국가를 형성하기 시작하다

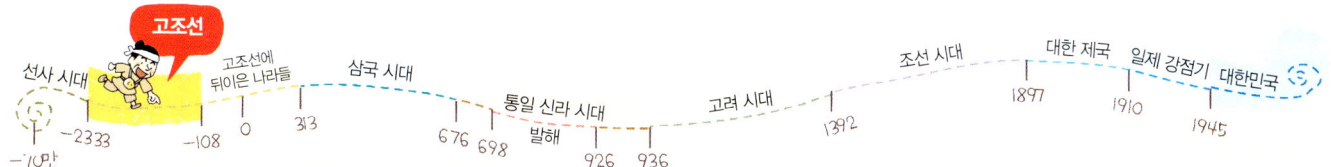

기원전 209년 연·제나라 수만 명이 고조선으로 피난 오다

기원전 195년 연나라 장수 위만이 고조선의 박사가 되다

기원전 194년 위만이 준왕을 몰아내고 고조선의 왕이 되다

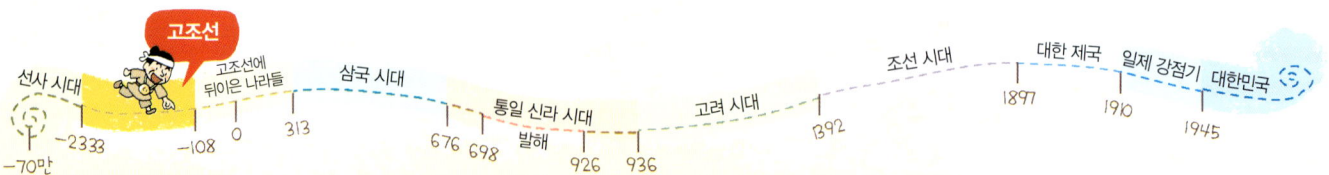

기원전 109년 한나라 무제가 고조선을 침략하다

기원전 108년 고조선이 멸망하다

지도로 한번더 보는 역사 — 고조선 (기원전 2333년 ~ 기원전 101년)

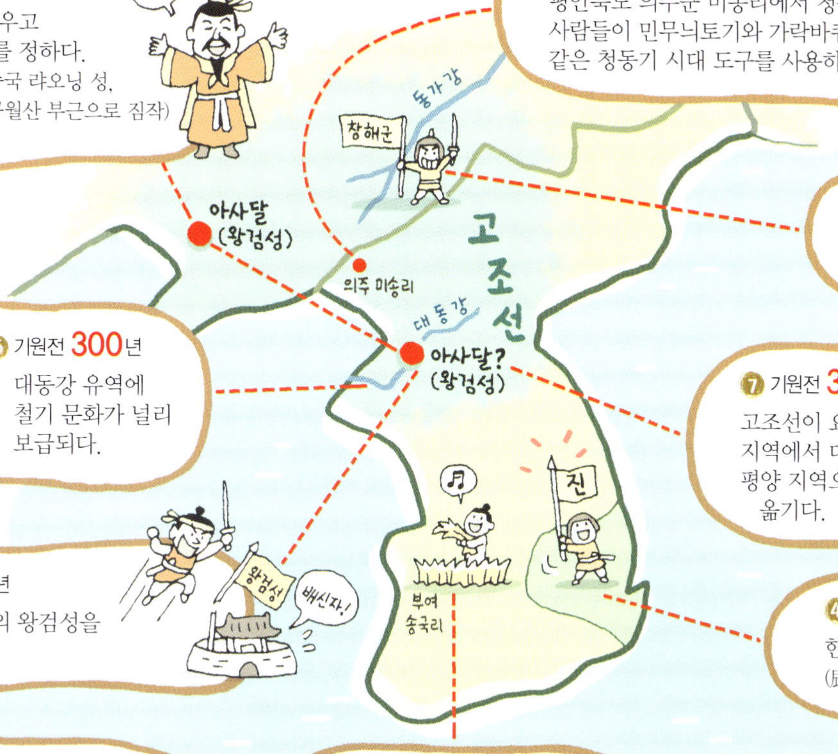

① 기원전 2333년 건국
단군이 나라를 세우고 아사달에 도읍지를 정하다.
(아사달은 지금의 중국 랴오닝 성, 평양 또는 황해도 구월산 부근으로 짐작)

② 기원전 1000년
평안북도 의주군 미송리에서 청동기 시대 사람들이 민무늬토기와 가락바퀴, 청동도끼 같은 청동기 시대 도구를 사용하다.

⑨ 기원전 128년
한나라가 동가강 유역에 창해군을 설치하다.

⑥ 기원전 300년
대동강 유역에 철기 문화가 널리 보급되다.

⑦ 기원전 300년 무렵
고조선이 요서 지역에서 대동강이 있는 평양 지역으로 도읍지를 옮기다.

⑧ 기원전 194년
위만이 고조선의 왕검성을 공격하다.

④ 기원전 403년
한반도 중·남부 지역에 진국(辰國)이라는 나라가 세워지다.

⑤ 기원전 400년~기원전 300년 무렵
북만주 일대를 무대로 하여 부여라는 부족국가가 등장하다.

③ 기원전 700년
충청남도 부여 송국리에서 청동기 시대 사람들이 가락바퀴, 반달돌칼 등을 사용하고 벼농사를 짓다.

⑩ 기원전 108년
한나라가 고조선에 한사군을 설치하다.

이 시대엔 이런 일들도!

기원전 403년
한반도 중·남부 지역에 진국(辰國)이 세워졌는데, 진국은 농사를 지으며 제사 의식을 치렀다. 신을 받들고 제사를 지내는 것이 정치의 중심이 되는 제정일치 사회였다.

기원전 300년
중국의 한자가 고조선에 들어오다.

기원전 214년
고조선의 부왕이 왕위에 오르다.

기원전 190년
고조선의 왕이 된 위만이 진번, 임둔 지역을 복종시키다.

기원전 128년
정치적으로 고조선의 간섭을 받던 예맥 세력의 군장 남려가 28만 명을 이끌고 가 한나라의 요동군에게 복종하자, 한나라 무제는 그 땅(압록강 중류 및 그 지류인 동가강 유역 일대로 짐작)에 창해군을 설치했다.

우리 역사 그림 연표 **19**

고조선에 뒤이은 나라들 1

기원전 100년~기원전 1년

위만이 세운 조선이 우거왕 때 내분과 한나라의 침략으로 멸망하자, 한나라는 고조선의 영토에 행정구역을 설치했다. 그런데 고조선이 큰 세력을 키워 한나라와 맞설 당시에, 여러 부족이 강한 부족을 중심으로 뭉치고 있었다. 그리고 부족국가의 모습을 갖추며 새로운 세력을 이루기 시작했다.

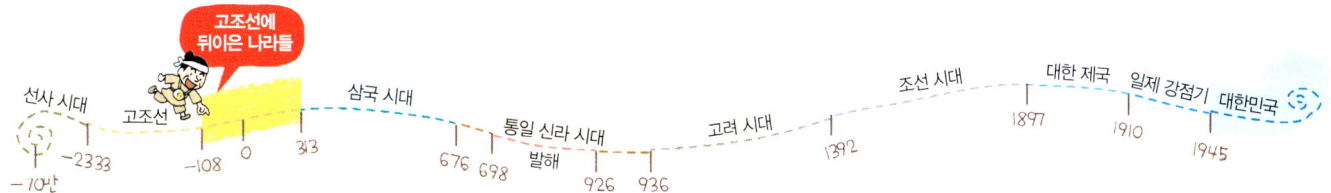

기원전 100년 무렵 한반도 중남부에 새로운 삼한 세력이 생기다

고조선이 만주와 한반도 북부 지역을 중심으로 세력을 펼치던 기원전 400년 무렵부터 한반도 중부 지역에는 진국이 일어나 세력을 키우고 있었으며, 남쪽에는 한족이 크고 작은 부족국가들을 이루고 있었다.

한족이 모여 이룬 부족국가들은 기원전 100년 무렵부터 세 지역으로 나뉘어 각각 세력을 이루었다. 바로 지금의 충청도와 전라도 지역에는 마한, 경상도 지역에는 진한, 낙동강 유역과 전라남도 동부 일대에는 변한이 있었다.
이 세 나라를 합쳐 '삼한'이라고 부르는데, 그 가운데 마한의 세력이 가장 컸다.
마한 지역 중에서 목지국이, 진한 지역은 사로국이, 변한 지역은 구야국이 여러 세력을 대표했다. 이 중에서 목지국의 왕은 진왕으로 추대되어 마한의 왕이 되었다.

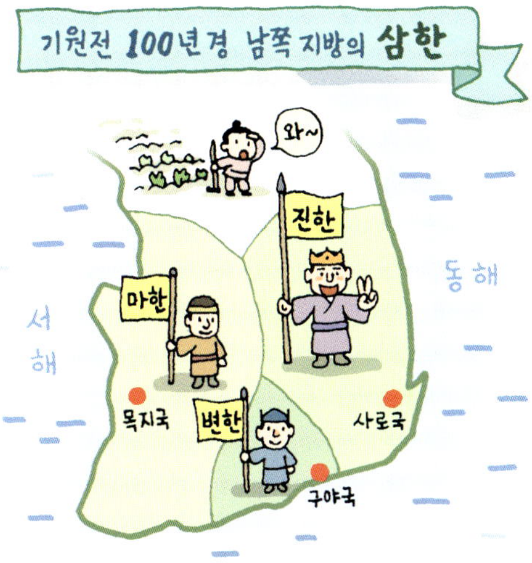

기원전 100년 무렵 부여의 부족장이 지방을 다스리다

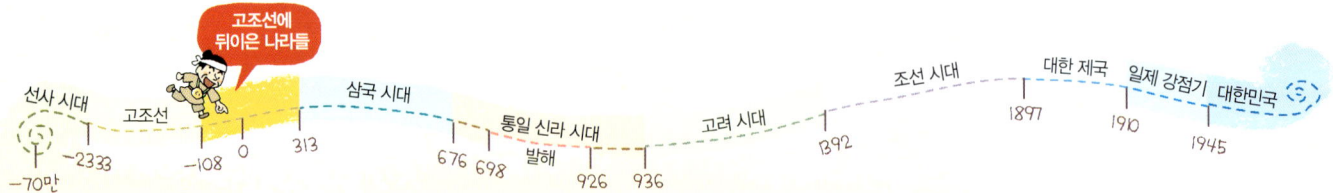

기원전 75년 예맥족이 현도군을 몰아내다

기원전 60년 금와가 동부여의 왕이 되다

기원전 57년 박혁거세가 서라벌을 세우다

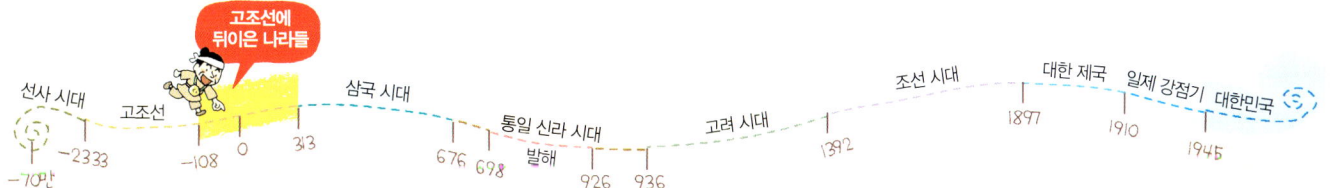

기원전 37년 서라벌의 수도에 성을 쌓고 '금성'이라고 하다

기원전 37년 주몽이 고구려를 세우다

기원전 19년 고구려 제2대 왕으로 유리왕이 즉위하다

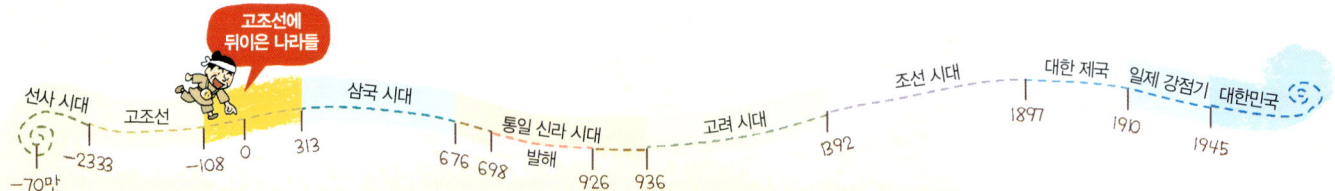

기원전 18년 온조가 백제를 세우다

주몽은 졸본 지역에 큰 세력을 갖고 있던 소서노의 도움으로 고구려를 세우고, 그녀와 결혼도 했다.

그러나 주몽이 죽고 유리가 왕위에 오르자, 소서노는 비류와 온조와 신하들을 데리고 남쪽으로 내려왔다.

비류는 미추홀에 나라를 세우고 온조는 위례성에 나라를 세웠는데,

얼마 뒤 비류가 죽고 그 백성들이 위례성으로 오자, 온조는 나라 이름을 '백제'로 지었다.

기원전 5년 백제가 한산으로 도읍지를 옮기다

《삼국사기》에 따르면 백제를 세운 온조는 왕위에 오른 지 13년이 되던 해(기원전 5년)에 도읍지인 위례성을 한강 남쪽으로 옮기고, 한산 아래에 목책을 세워 위례성의 백성들이 옮겨와 살게 했다.
위례성과 한산이 지금의 어디인지는 정확히 알 수 없지만, 역사학자들은 경기도 하남시, 서울시 송파구의 몽촌토성이나 풍납토성, 충남의 천안 지역이라고 각각 주장하는 등 그 해석이 엇갈리고 있다.

온조왕은 우보와 좌보를 두고 나랏일을 관리하게 했는데, 우보는 군사 관계의 일을, 좌보는 행정에 관한 일을 맡았을 것이라고 본다.

지도로 한번더 보는 역사 — 고조선에 뒤이은 나라들 1 (기원전 100년 ~ 기원전 1년)

⑥ 기원전 37년
주몽이 졸본(지금의 중국 랴오닝 성 환인 지방)에 고구려를 세우다.

③ 기원전 60년
금와가 동부여의 왕이 되다.

② 기원전 75년
예맥족이 현도군을 공격하다.

⑧ 기원전 18년
온조가 위례성에서 백제를 세우다.

④ 기원전 57년
박혁거세가 경주 지역에 서라벌을 세우다.

⑨ 기원전 5년
백제가 한산으로 도읍지를 옮기다.

⑤ 기원전 37년
박혁거세가 서라벌에 성을 쌓고 '금성'이라고 이름 짓다.

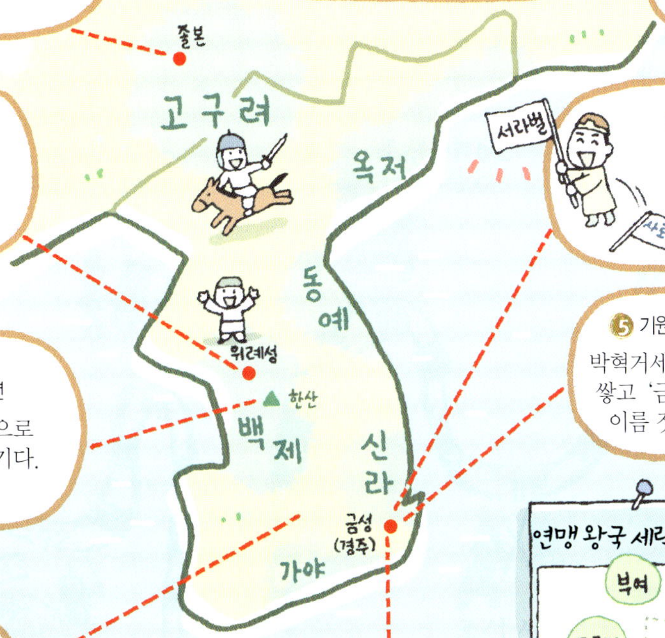

① 기원전 100년 무렵
삼한이 한반도 중남부에 세력을 이루다.

⑦ 기원전 32년
박혁거세가 금성에 궁궐을 짓다.

이 시대엔 이런 일들도!

기원전 58년
동부여에서 주몽이 태어났다.

기원전 41년
신라의 박혁거세가 왕비 알영과 함께 6부를 두루 돌아다니며 백성들의 삶을 살피고, 뽕나무 농사를 권장했다.

기원전 28년
고구려가 부위염 장군의 활약으로 북옥저를 병합하다.

기원전 20년
사로국(신라)이 세력을 키운 뒤 해마다 마한에 보내던 조공을 중지하고 신하국의 예의도 갖추지 않자, 마한의 왕이 사로국의 사신을 불러 따지다.

기원전 17년
고구려의 유리왕이 〈황조가〉를 짓다. 〈황조가〉는 현재 전해 오는 시조 가운데 가장 오래된 서정시로 평가 받는다.

기원전 11년
백제가 위례성에 쳐들어온 말갈 군사 3천 명을 물리치다. 또한 낙랑·대방군의 침입에 대비해 마수성을 쌓고 병산에 철책을 세우다.

고조선에 뒤이은 나라들 2

1년~100년

고조선의 뒤를 이어 등장한 나라들 중에서 고구려가 세력을 키우며 한나라와 부여, 그리고 주변의 부족국가들을 공격해 영토를 넓혀 갔다. 백제 역시 마한을 공격하며 영토를 넓히려는 계획을 키운다. 한편 한반도의 동남쪽에 자리 잡은 신라는 낙동강 하류 지역에 세워진 가야연맹과 세력을 다투기 시작했다.

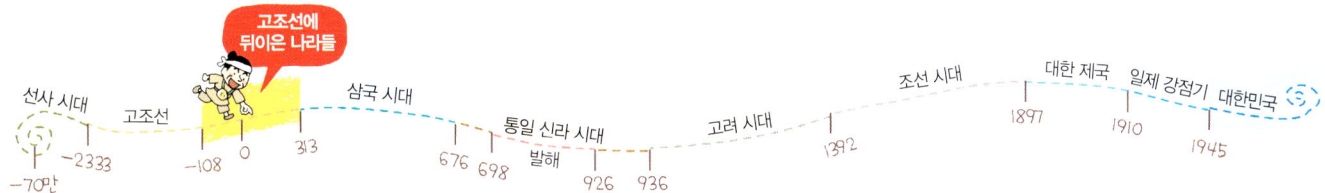

3년 고구려가 졸본성에서 국내성으로 도읍지를 옮기다

동부여의 대소왕이 걸핏하면 고구려를 침략해 괴롭히자 고구려의 유리왕은 도읍지를 옮기려는 계획을 품었다. 그러던 중에 '설지'라는 신하로부터 새로운 도읍지로 삼으면 좋을 만한 곳이 있다는 보고를 받자, 그곳에 성을 쌓게 하고는 새로운 도읍지로 삼았다. 그곳이 바로 국내성이다.
학자들은 국내성의 위치를 지금의 중국 지린 성 지안 시 퉁거우 현으로 보고 있다.

8년 백제가 마한을 공격해 점령하다

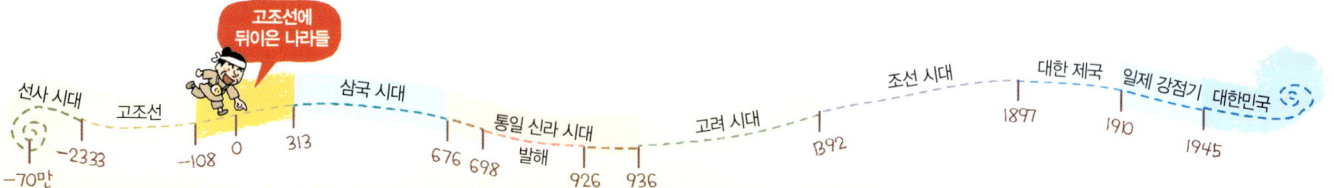

22년 고구려가 동부여를 공격해 대소왕을 죽이다

28년 고구려가 을두지의 지혜로 한나라 요동 태수의 공격을 물리치다

28년 7월, 중국 후한의 명령을 받은 요동 태수가 고구려보다 10배나 많은 군사를 이끌고 고구려로 쳐들어왔다.

고구려는 국내성을 방어하는 위나암성의 문을 굳게 닫고 한나라 군대가 지쳐서 스스로 물러나게 하는 작전을 펼쳤다.

작전을 세운 인물은 좌보(지금의 재상) 을두지! 그러나 한나라 군사들은 성을 포위하고 한 달간 꿈쩍하지 않았다.

고구려 군사들이 지쳐 가자 을두지는 성안 연못의 모든 잉어를 잡아 풀에 싸서 술과 함께 한나라 군영에 보냈다. 이런 편지와 함께.

그러자 태수는 성안에 물이 넉넉하다고 생각해 고구려성을 쉽게 함락할 수 없겠다고 판단했다.

그리고 고구려 진영에 이런 편지를 보낸 뒤 후퇴했다.

32년 신라 유리이사금이 6부의 이름을 고치고 관직을 17등급으로 나누다

42년 수로왕이 구야국(금관가야)을 세우다

53년 고구려의 모본왕이 살해되고 태조왕이 왕위에 오르다

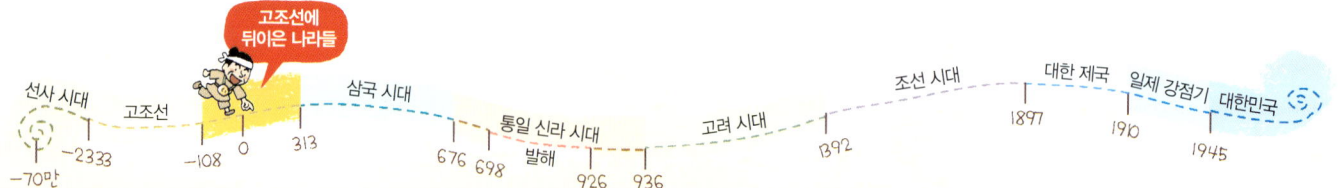

65년 신라의 탈해이사금이 나라 이름을 계림으로 고치다

신라의 탈해이사금은 나라 이름을 '계림'으로 바꾸고 나라를 주와 군으로 나눈 뒤, 주에는 '주주', 군에는 '군주'라는 관직을 만들어 배치했다. 이때부터 사로국을 한동안 '계림'이라 했다.

설화에 따르면 '어느 날 밤에 탈해이사금이 금성(지금의 경주) 서쪽의 '시림'이라 하는 숲에서 닭 우는 소리를 듣고는 다음 날 아침 신하를 그곳에 보냈다고 한다. 신하가 금빛 궤짝에 담긴 사내아이를 발견해 아뢰자, 탈해이사금은 하늘이 주신 아이라고 생각해 아이를 길렀고 시림을 '계림'으로 고치고 나라의 국호로 삼았다. 그 아이의 성은 금빛 궤짝에서 나왔다 하여 김씨(金氏)로, 이름은 알지라고 했다.'고 한다. 역사학자들은 알지가 김씨 부족의 족장을 뜻하며, 이때부터 김씨가 등장해 세력을 얻어 왕위를 계승하게 되었다고 보고 있다.

77년 신라와 가야가 황산진에서 전투를 벌이다

지도로 한번더 보는 역사 — 고조선에 뒤이은 나라들 2 (1년~100년)

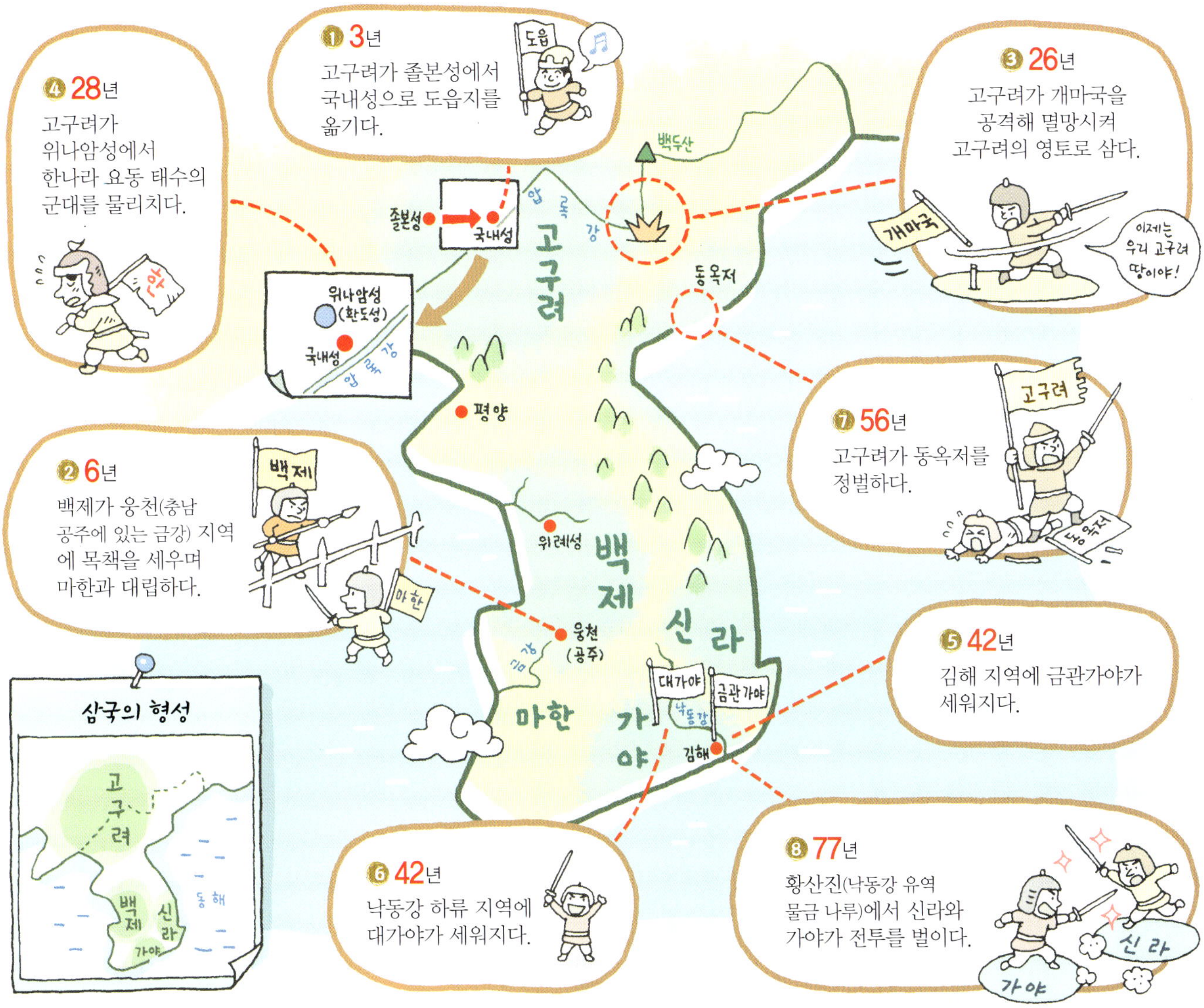

❶ 3년 고구려가 졸본성에서 국내성으로 도읍지를 옮기다.

❹ 28년 고구려가 위나암성에서 한나라 요동 태수의 군대를 물리치다.

❸ 26년 고구려가 개마국을 공격해 멸망시켜 고구려의 영토로 삼다.

이제는 우리 고구려 땅이야!

❷ 6년 백제가 웅천(충남 공주에 있는 금강) 지역에 목책을 세우며 마한과 대립하다.

❼ 56년 고구려가 동옥저를 정벌하다.

❺ 42년 김해 지역에 금관가야가 세워지다.

❻ 42년 낙동강 하류 지역에 대가야가 세워지다.

❽ 77년 황산진(낙동강 유역 물금 나루)에서 신라와 가야가 전투를 벌이다.

삼국의 형성

이 시대엔 이런 일들도!

26년 고구려가 개마국을 공격해 멸망시키고 개마국의 영토를 고구려의 영토로 삼았다. 개마국의 위치는 백두산 남쪽의 개마산 일대 또는 압록강 상류 지역으로 짐작하고 있다.

28년 사로국의 유리이사금이 나라 안의 홀아비, 과부, 고아, 늙고 병든 사람들을 보살폈다. 백성들은 사는 게 즐겁고 편안하여 〈도솔가〉라는 노래를 지어 불렀다.

38년 백제의 다루왕이 전국에 흉년이 들자, 술 담가 먹는 것을 금지하는 금주령을 내렸다.

48년 아유타국의 공주 허황옥이 파사 석탑을 배에 싣고 금관가야에 시집왔다.

57년 신라의 유리이사금이 두 아들 대신 탈해에게 왕위를 물려주라는 유언을 남기고 죽자, 탈해가 이사금에 올랐다.

고조선에 뒤이은 나라들 3

101년~200년

고구려와 백제는 왕과 귀족들끼리 왕위 다툼을 벌이면서도 왕권을 키우고 고대 국가의 모습을 갖추어 갔다. 고구려는 세력을 더욱 키워 한나라가 설치한 한사군을 맹렬히 공격했고, 신라 역시 주변의 작은 나라들을 정복하며 힘을 키워 백제와 맞서기 시작했다.

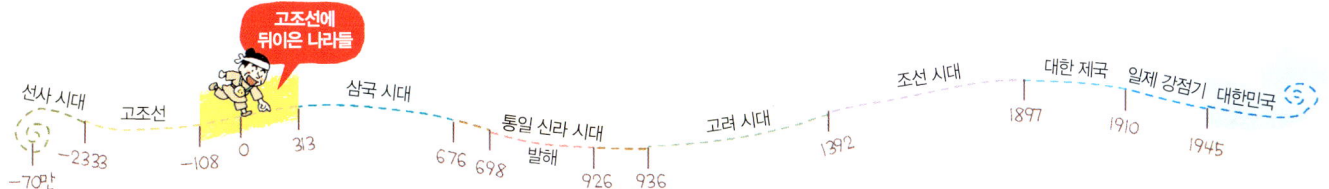

108년 신라가 주변의 작은 국가들을 합병하다

121년 고구려가 요동 지역에 세력을 떨치다

138년 신라가 정사당에서 나랏일을 의논하다

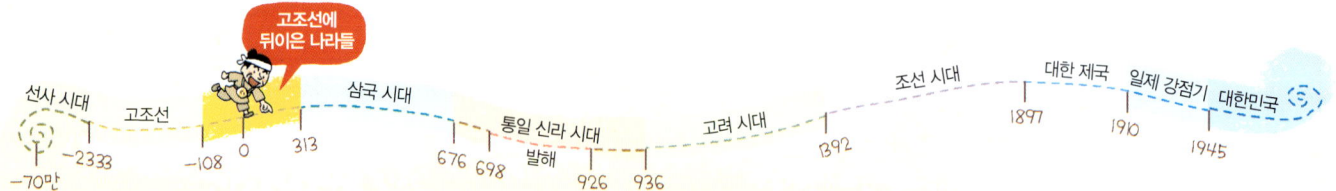

146년 고구려 차대왕이 태조왕의 뒤를 잇다

태조왕이 나이가 들자 동생 수성이 왕위를 차지할 기회를 엿보고 있었다. 이때 태조왕의 나이는 무려 100세.

이를 알아차린 태조왕은 수성에게 왕위를 물려주었고, 수성은 제7대 차대왕이 되었다.

차대왕은 아주 용맹했지만 인자하지 못해 왕위 계승을 반대하던 이들을 죽이고 포악한 정치를 일삼았다.

165년 백제와 신라가 아찬 길선 문제로 싸우기 시작하다

서로 힘을 키우며 으르렁거리던 백제와 신라가 화해를 하고 사이좋게 지내던 중에,
신라에서 아찬의 벼슬을 지내던 길선이 반역을 꾀하다 발각되어 백제로 도망을 쳤다.
신라의 왕인 아달라이사금이 백제의 개루왕에게 반역자 길선을 내놓으라고 했지만,
개루왕이 이 요구를 무시해 버렸다.
그렇게 해서 아달라이사금은 군사를 거느리고 백제 원정에 나섰다.
그런데 백제는 성문을 굳게 걸어 잠그기만 할 뿐 신라와 싸우지 않았다.
결국 신라 군사들은 식량이 떨어져 후퇴하고 말았다.
이때부터 204년까지 40년간 백제와 신라는 10차례나 전쟁을 치렀다.
하지만 전쟁의 승패는 엎치락뒤치락했다.

166년 고구려의 신대왕이 국상제를 도입하다

172년 고구려의 명림답부가 청야작전으로 현도군을 물리치다

190년 고구려에서 어비류와 좌가려가 반역을 일으키다

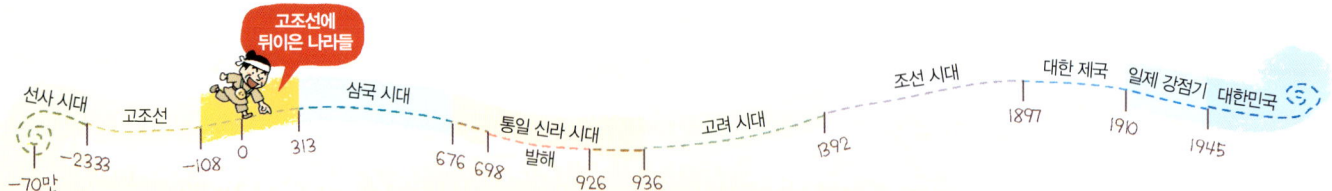

194년 고구려가 진대법을 실시하다

고구려 제9대 고국천왕은 왕권을 강하게 한 뒤,
191년에 서압록곡의 농부 을파소를 국상에 임명했다.
국상이 된 을파소는 인재를 고루 뽑고 과감하게 개혁을 실시했으며,
어려운 백성들을 돕고자 진대법을 실시하여 경제적인 안정을 꾀했다.
진대법은 봄이나 흉년이 들 때 국가에서 백성들에게 곡식을 빌려 주고,
가을에 추수한 뒤에 갚게 하여 가난한 농민들의 생활에 보탬을 주는 제도이다.

197년 고구려의 왕위 계승이 형제 상속에서 부자 상속으로 바뀌다

지도로 한번더 보는 역사 — 고조선에 뒤이은 나라들 3 (101년~200년)

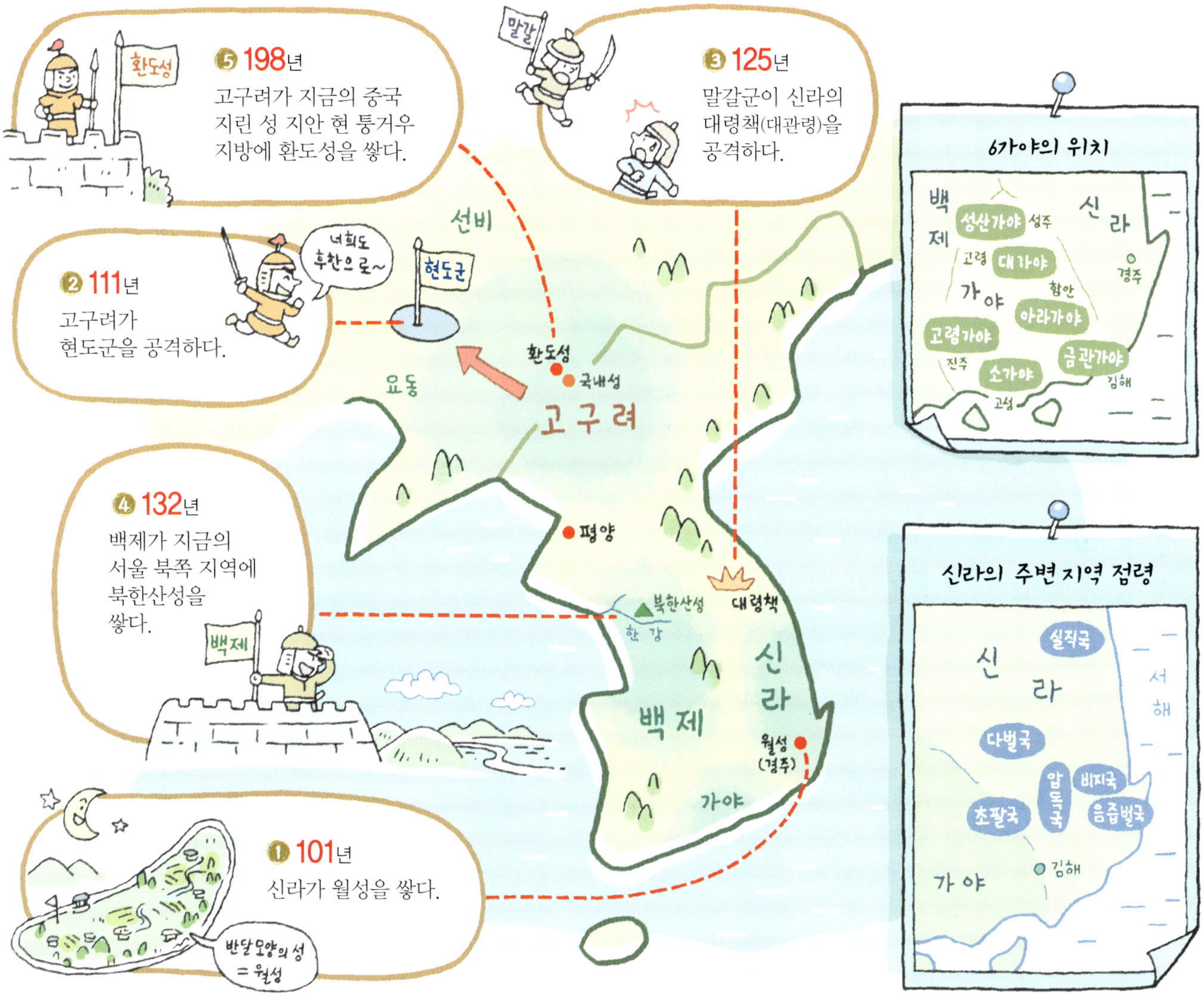

❺ 198년
고구려가 지금의 중국 지린 성 지안 현 퉁거우 지방에 환도성을 쌓다.

❸ 125년
말갈군이 신라의 대령책(대관령)을 공격하다.

❷ 111년
고구려가 현도군을 공격하다.

❹ 132년
백제가 지금의 서울 북쪽 지역에 북한산성을 쌓다.

❶ 101년
신라가 월성을 쌓다.
반달 모양의 성 = 월성

6가야의 위치
성산가야(성주), 대가야(고령), 아라가야(함안), 고령가야(진주), 소가야(고성), 금관가야(김해)

신라의 주변 지역 점령
실직국, 다벌국, 초팔국, 압독국, 비지국, 음즙벌국

이 시대엔 이런 일들도!

101년
신라가 월성을 쌓고 궁궐을 옮겼다. 《삼국사기》에 보면 성 주위가 1023보이며, 언덕 위에 반월형으로 흙과 돌을 섞어 쌓았다고 기록돼 있다.

105년
고구려의 힘이 점점 강해지자, 부여가 고구려에 호랑이를 바치며 사이좋게 지내자는 뜻을 보인다.

132년
백제가 북한산성을 쌓았다. 북한산성은 백제의 도읍지 하남위례성을 지키는 북방의 성이다.

184년
벌휴이사금이 9대 왕이 되다. 벌휴이사금의 성은 석씨이고, 그의 어머니는 김씨. 즉 박씨의 세력이 약해지고 석씨와 김씨가 손을 잡고 세력을 키웠다는 것을 알 수 있다.

198년
고구려의 산상왕이 환도에 성을 쌓다. 환도성은 지금의 중국 지린 성 지안 현 퉁거우 지방이라고 본다.

우리 역사 그림 연표 **37**

고조선에 뒤이은 나라들 4

201년~300년

고구려와 백제는 왕권을 키우고 제도를 정비하고 새로운 행정제도를 마련하며 고대 국가의 모습을 갖추어 나갔다. 신라에서도 왕의 권한이 차츰 강화되기 시작했다. 그러나 고구려와 백제, 신라는 주변 나라들의 공격을 받으며 어려움을 겪기도 했다.

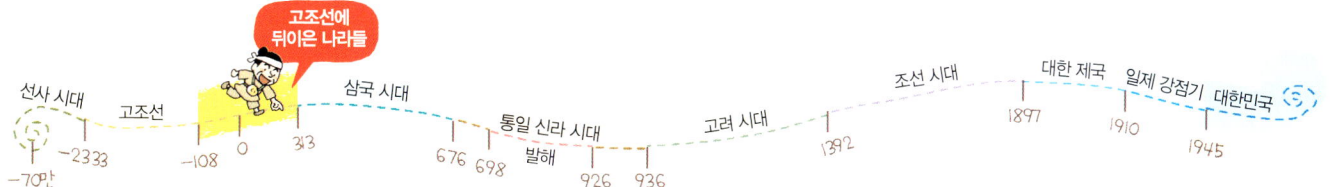

209년 고구려가 국내성에서 환도성으로 도읍지를 옮기다

209년 가락국과 포상8국이 세력 다툼을 하다

233년 신라의 석우로 장군이 사도에서 왜국을 무찌르다

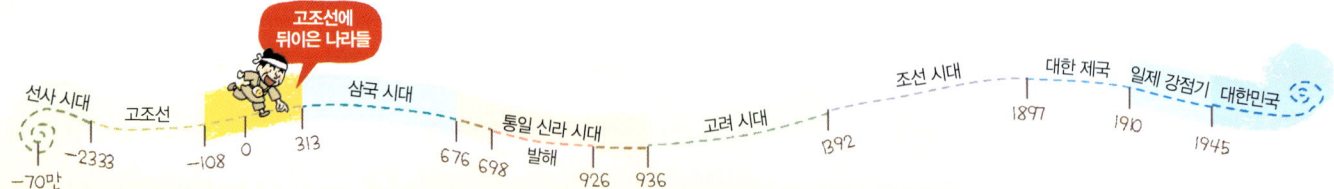

234년 백제 고이왕이 사반왕을 쫓아내다

234년에 백제의 제6대 구수왕이 죽자, 큰아들인 사반왕이 제7대 왕이 되었다.

그러나 이를 못마땅하게 여긴 백제 왕족이 있었다. 그는 자신의 뜻을 따르는 세력을 모은 뒤에,

사반왕을 어리다는 이유로 쫓아내고 왕위에 올랐다. 그가 바로 제8대 고이왕이다. '사반'은 '모래의 반쪽'이라는 뜻인데,

사반왕은 그 이름처럼 무척 짧게 왕위에 있다가 쫓겨난 인물이다.

246년 고구려 환도성이 위나라 관구검에게 함락되다

중국에서는 220년에 후한이 멸망한 뒤에 위, 촉, 오 세 나라가 세워져 힘을 겨루는 삼국 시대가 시작되었다. 그중 위나라가 세력을 키워 고구려와 국경에서 분쟁을 벌이다가, 242년에 고구려 동천왕이 중국과 낙랑군을 연결하는 교통의 중심지인 서안평을 먼저 공격했다.

그 보복으로 위나라의 장군 관구검이 군사들을 이끌고 반격해 와, 고구려는 수도인 환도성을 내줘야 하는 수모를 겪었다. 동천왕은 북옥저로 피신해 가까스로 목숨을 건졌지만, 환도성은 위나라 군사들의 횡포로 쑥대밭이 되었다.

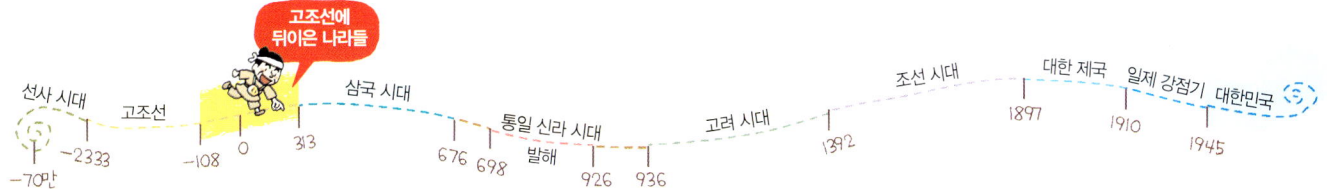

260년 백제 고이왕이 행정 조직을 정비하고 공복 제도를 실시하다

어린 사반왕을 몰아내고 왕위에 오른 고이왕은 정치 조직을 정비하고 왕의 권한을 강하게 하여, 고대 국가로서 기틀을 마련하는 데 큰 공을 세웠다. 고이왕은 왕위에 오른 지 27년 되던 260년 1월에 행정 조직을 정비하여 6좌평과 16관등 제도를 두었으며, 2월에는 품계에 따라 색깔을 구분하여 관복을 입게 하는 제도도 실시했다.

◇ 6좌평 : 나라의 행정 업무를 6개 부서로 나누고 좌평이 총괄하여 업무를 처리하게 하는 것이다.

- **내신 좌평** — 왕명의 출납을 담당
- **내두 좌평** — 물자와 창고에 관한 일을 담당
- **내법 좌평** — 예법과 의식을 주관하는 일을 담당
- **위사 좌평** — 왕의 호위와 왕궁을 지키는 일을 담당
- **조정 좌평** — 형벌과 감옥에 관계된 일을 담당
- **병관 좌평** — 지방의 군사와 무기에 관한 일을 담당

◇ 16관등 : 6좌평을 1품으로 하고 그 아래로 15품계를 두어 관원들의 등급을 16단계로 나눈 것이다.

좌평	달솔	은솔	덕솔
한솔	 내솔	장덕	시덕
고덕	계덕	대덕	문독
무독	좌군	진무	극우

◇ 관원들의 품계에 따라 관복의 색깔을 각각 다르게 했다.

6품 이상의 관원 — 자주색(紫色) 관복을 입고 은화의 관을 씀.

11품 이상의 관원 — 다홍색(緋色) 관복을 입음.

16품 이상의 관원 — 푸른색(靑色) 관복을 입음.

262년 신라에서 김씨가 처음으로 나라를 지배하다

262년에 신라의 제12대 첨해이사금이 갑자기 죽자, 미추이사금이 제13대 왕위에 올랐다.

미추이사금은 제11대 조분이사금의 둘째 사위이며 김알지의 6대손. 신라에 김씨 왕이 등장한 것이다.

《삼국사기》에는 첨해이사금이 갑자기 죽었다고만 기록돼 있지만, 역사학자들은

미추이사금이 세력을 모아 첨해이사금을 몰아내고 왕위에 올랐다고 본다.

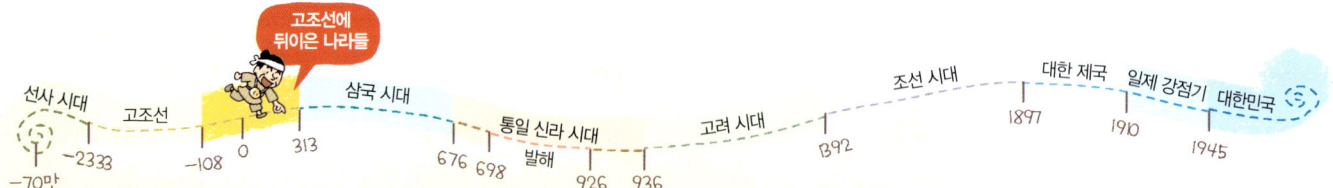

276년 신라의 미추이사금이 궁궐 짓는 것을 거부하다

286년 백제가 고구려의 침입에 대비해 아차성과 사성을 쌓다

300년 소금장수 을불이 고구려의 미천왕이 되다

지도로 한번더 보는 역사 — 고조선에 뒤이은 나라들 4 (201년~300년)

① 209년 고구려가 국내성에서 환도성으로 도읍지를 옮기다.

⑥ 246년 고구려의 환도성이 위나라 관구검에게 함락되다.

⑤ 233년 신라의 석우로 장군이 사도(지금의 경북 영덕 지방)에서 왜구를 물리치다.

⑦ 286년 백제가 아차성(지금의 서울 광나루 아차산)과 사성(지금의 서울 송파구 풍납동)을 쌓아 고구려 침입에 대비하다.

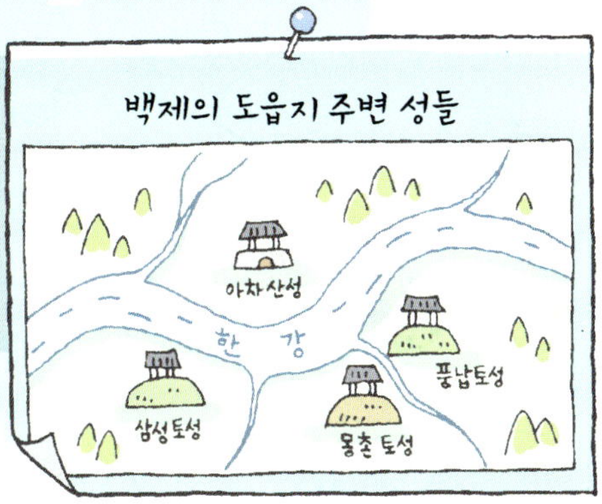

② 209년 남해 지역(지금의 창원, 마산, 고성)의 포상8국이 금관가야와 세력 다툼을 벌이다.

③ 214년 백제가 신라의 요거성(지금의 경북 상주)을 공격하자, 신라도 백제의 사현성(지금의 충남 예산)을 공격하다.

④ 231년 신라가 감문국(지금의 김천 지방)을 정벌하다.

백제의 도읍지 주변 성들: 아차산성, 풍납토성, 삼성토성, 몽촌토성

이 시대엔 이런 일들도!

205년 한나라의 요동 태수 공손강이 낙랑군 남부를 나누어 대방군을 설치하다. 역사학자들은 그 영역을 지금의 경기도 북부에서 황해도 지역으로 보고 있다.

249년 신라에서 남당을 궁궐 남쪽에 세우다. 남당은 '도당'이라고도 하는데, 임금과 관리가 모여 정사를 의논하고 행정에 관한 일을 보던 곳이다. 지금의 중앙 관청이라 할 수 있다.

261년 신라가 달벌(지금의 경북 포항)에 성을 쌓다.

285년 중국의 북부에서 연나라를 세운 선비족의 모용외가 부여를 공격하여, 국왕 의려가 자결하고 자식들은 옥저로 달아나다.

296년 선비족의 모용외가 고구려를 침략하자, 고구려의 장군 고노자가 500명의 기병을 이끌고 이를 격퇴하다.

우리 역사 그림 연표 43

삼국 시대 1

301년~400년

고구려는 한사군을 몰아내고 강력한 고대 국가로 우뚝 서 주변으로 세력을 펼쳐 가기 시작했다. 백제 역시 마한을 정복하고 가야를 영향력 아래에 두며 세력을 넓혀 고구려와 맞섰다. 고구려와 백제 모두 불교를 받아들이고 율령을 반포하며 왕권을 크게 강화해 중앙 집권 국가로 성장해 갔다. 한편 신라 역시 왕권을 점점 강화해 가는데 백제와 왜구, 가야의 침략에 큰 괴롭힘을 당하기도 했다.

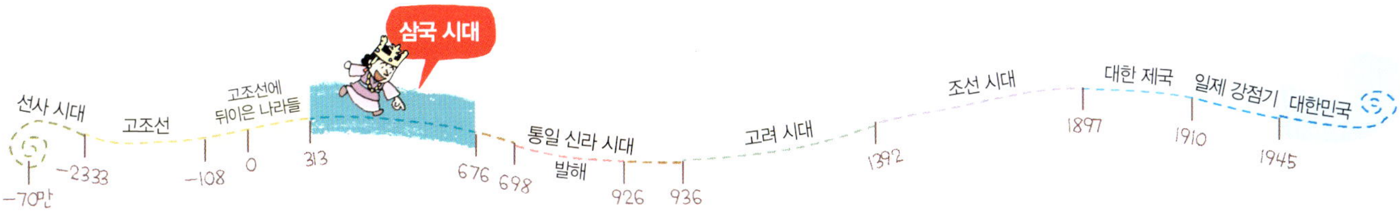

304년 백제의 비류왕이 즉위해 초고왕계가 권력을 잡다

313년 고구려가 낙랑군을 멸망시키다

고구려의 제15대 왕이 된 미천왕은 주변 지역을 공격해 영토를 넓히는 데 큰 힘을 기울였다. 그중에서 가장 큰 성과는 낙랑군을 공격해 멸망시킨 것이다. 낙랑군은 한나라가 고조선을 멸망시키며 고조선 영토에 세워 두었던 한사군의 하나였는데, 한사군 중에서 가장 마지막까지 세력을 유지하며 남아 있던 곳이었다.
낙랑군의 위치에 대해서는 역사학자들 사이에 의견이 달라 대동강 유역(평안남도와 황해도 일부)이라는 주장과 요동 지역이라는 주장이 있다.

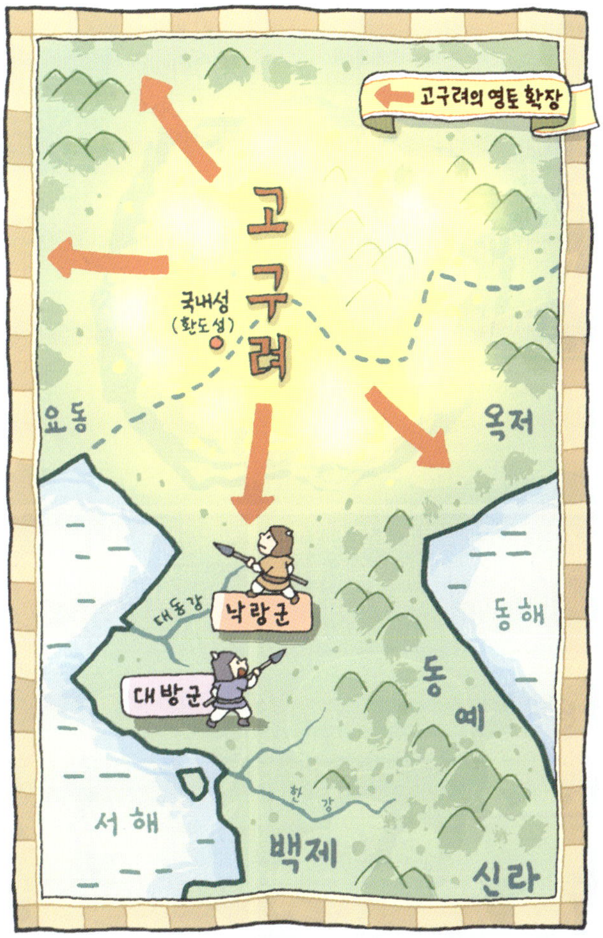

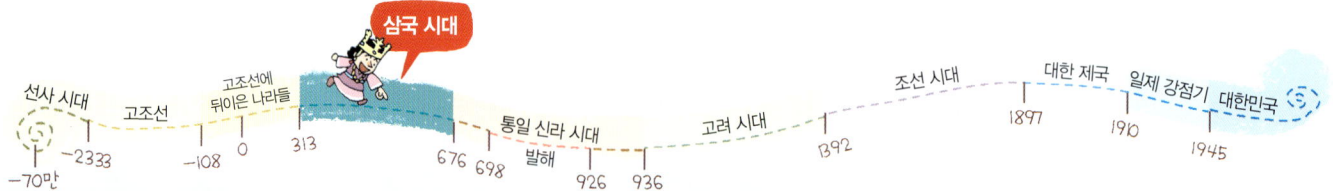

342년 연나라가 고구려의 환도성을 침략해 미천왕의 시신을 가져가다

미천왕에 이어 고국원왕이 왕위에 오르자, 평양성을 다시 쌓고 국내성을 수리했다.

그런데 342년에 연나라 모용 황이 고구려를 침입해 도성을 파괴하고 보물을 약탈했다.

또 고국원왕의 어머니와 왕비를 납치했고 미천왕릉의 시신을 훔쳐 갔으며, 백성 5만여 명을 포로로 끌고 갔다.

고국원왕은 343년에 동생을 연나라에 사신으로 보내 조공을 바쳐 미천왕의 시신과 왕비를 찾아왔다.

356년 신라 임금의 칭호를 이사금에서 마립간으로 바꾸다

신라의 흘해이사금의 뒤를 이어 내물이 왕위에 올랐다. 내물의 성은 김씨. 이때부터 김씨가 왕위를 세습했다.

《삼국유사》에 따르면 그 전까지 신라 임금들의 칭호는 '이사금'이고, 내물이 임금이 된 뒤부터는 '마립간'!

마립간이란 말은 왕과 신하가 조정에 서 있는 차례이다. 이것은 왕과 신하의 자리를 정해 신분을 구분했다는 것이다.

임금이 최고 통치자로서 권위가 높아졌다는 뜻이다.

369년 백제가 마한을 합병하다

346년에 백제 제13대 왕이 된 근초고왕은

지방 통치 조직을 정비해 왕권을 강화하고,

369년에 영산강 유역을 중심으로 세력을 이루던 마한을 정복해 전라도의 모든 지역을 지배하기 시작했으며,

가야에게도 힘을 행사해 조공을 바치게 하는 등 백제의 영향력 아래에 두었다.

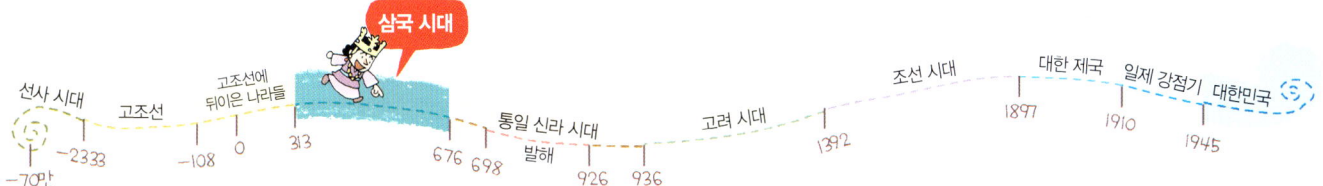

371년 백제 근초고왕이 평양을 공격하다

백제의 근초고왕이 북쪽으로 세력을 넓히려 하자, 369년에 고구려가 먼저 백제를 공격했다.

백제에서는 근초고왕의 태자인 근구수가 군사를 이끌고 맞서, 치양성(지금의 황해도 배천 지역)에서 고구려군을 물리쳤다.

371년에는 근초고왕이 태자와 함께 정예 기병 3만 명을 거느리고, 고국원왕이 이끄는 고구려군과 평양성에서 싸워 큰 승리를 거두었다.

이때 고구려의 고국원왕이 전사를 했고, 백제는 대방군의 영토였던 지역까지 점령하며 역사상 가장 큰 영토를 차지하게 되었다.

373년 고구려가 율령을 반포하다

고국원왕이 전사하자 그의 아들 구부가 고구려 제17대 소수림왕이 되었다. 소수림왕은 국가 체제를 정비하기 위해,

372년에 중국 전진으로부터 삼국 중 최초로 불교를 받아들이며 왕권을 강화했고,

373년에는 율령을 반포하여 국가 통치와 사회 질서를 위한 규범들을 갖추었다.

율(律)은 형법(범죄와 형벌)에 관한 법전, 령(令)은 행정에 관한 법전인데, 중국에서 성립된 성문법이지.

384년 백제가 불교를 받아들이다

백제는 근초고왕 때 영토를 크게 넓혔을 뿐 아니라 중국의 동진, 일본과 외교를 맺었고, 요서에 진출해 백제군을 설치해 상업 활동을 벌였다.

근초고왕에 이어 왕이 된 근구수왕은 일본에 왕인 박사를 보내 문물을 전했고,

근구수왕에 이어 왕위에 오른 침류왕은 384년에 중국 동진의 승려 마라난타로부터 불교를 받아들이고,

385년에 한산(지금의 서울)에 절을 세웠다. 그러나 9개월 뒤에 갑자기 죽고 말았다.

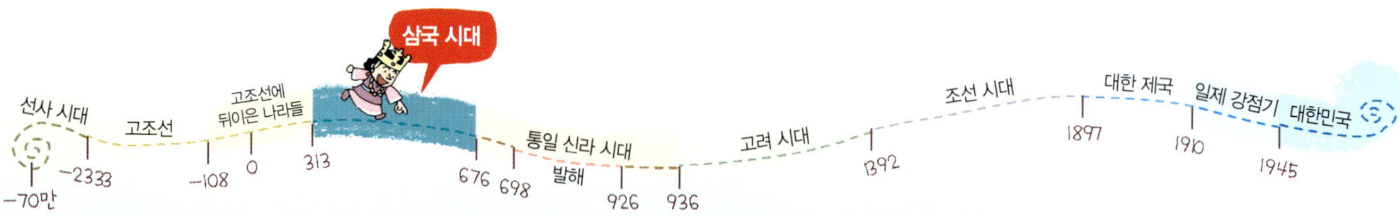

396년 고구려의 광개토대왕이 백제를 정벌하다

소수림왕 때 국가의 체제와 제도를 정비한 고구려는 고국양왕 때 북으로 후연, 남으로 백제와 여러 차례 치열하게 세력 다툼을 벌였다. 소수림왕의 동생인 고국양왕은 소수림왕에게 아들이 없자 왕위를 이었고, 그가 392년에 죽자 아들인 담덕이 왕위를 이었다. 그가 바로 고구려의 영토와 세력을 크게 넓힌 광개토대왕이다.

396년에 광개토대왕은 직접 군사를 거느리고 백제를 공격해 한강 너머까지 진격하여 58성을 차지했다. 그리고 한강 이북과 예성강 동쪽의 땅을 고구려의 영토로 삼았다. 이때 백제 아신왕의 동생과 신하들을 인질로 잡아오는 성과도 거두었다.

400년 신라 내물왕의 요청으로, 고구려가 원군을 보내 왜구를 격파하다

지도로 한번더 보는 역사 — 삼국 시대 1 (301년~400년)

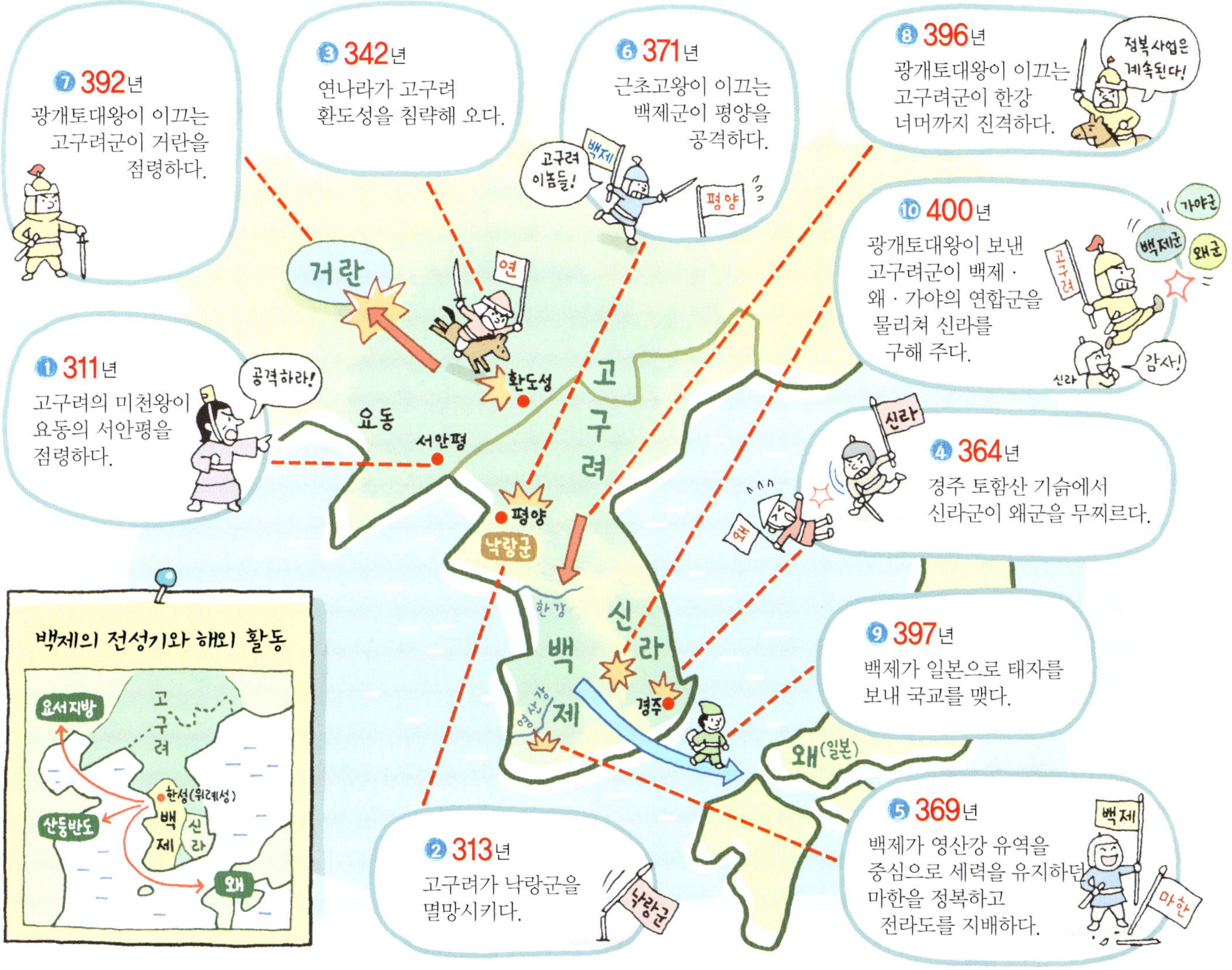

❼ 392년
광개토대왕이 이끄는 고구려군이 거란을 점령하다.

❸ 342년
연나라가 고구려 환도성을 침략해 오다.

❻ 371년
근초고왕이 이끄는 백제군이 평양을 공격하다.

❽ 396년
광개토대왕이 이끄는 고구려군이 한강 너머까지 진격하다.

정복 사업은 계속된다!

❿ 400년
광개토대왕이 보낸 고구려군이 백제·왜·가야의 연합군을 물리쳐 신라를 구해 주다.

❶ 311년
고구려의 미천왕이 요동의 서안평을 점령하다.

공격하라!

❹ 364년
경주 토함산 기슭에서 신라군이 왜군을 무찌르다.

❾ 397년
백제가 일본으로 태자를 보내 국교를 맺다.

❷ 313년
고구려가 낙랑군을 멸망시키다.

❺ 369년
백제가 영산강 유역을 중심으로 세력을 유지하던 마한을 정복하고 전라도를 지배하다.

백제의 전성기와 해외 활동

이 시대엔 이런 일들도!

344년
백제 비류왕에 이어 계왕이 제12대 왕이 되었다. 계왕은 분서왕의 맏아들이었는데, 비류왕에게 왕위를 빼앗겨 비류왕이 죽은 뒤에야 왕위에 오를 수 있었다. 그러나 왕위에 오른 지 3년 만에 죽고 만다.

372년
고구려는 '태학'이라는 교육기관을 세워 나라에 필요한 인재를 키워 내고 관리했다.

375년
백제의 박사 고흥이 백제의 국사를 기록한 《서기(書記)》를 편찬하다.

381년
신라의 위두가 사신으로 중국 전진에 가다. 전진의 왕 부견에게 특산물을 전하며 외교 관계를 맺었다.

391년
고구려의 광개토대왕이 북으로 거란을 정벌하여 남녀 500명을 사로잡고 거란에게 빼앗긴 고구려인 1만 명을 데리고 돌아왔다.

397년
백제 아신왕이 태자 전지를 일본에 볼모로 보내 일본과 우호 관계를 맺었다.

삼국 시대 2

401년~500년

고구려의 광개토대왕이 군사력을 키우고 정치를 정비하여 나라를 안정시킨 뒤, 고구려를 동북아시아 최고의 강대국으로 만들었다. 그리고 광개토대왕의 뒤를 이은 장수왕은 수도를 평양 지역으로 옮기고 백제를 공격해 한강 유역을 차지했다. 이렇게 고구려가 남쪽으로 세력을 넓히자, 백제와 신라는 동맹을 맺어 이에 맞선다.

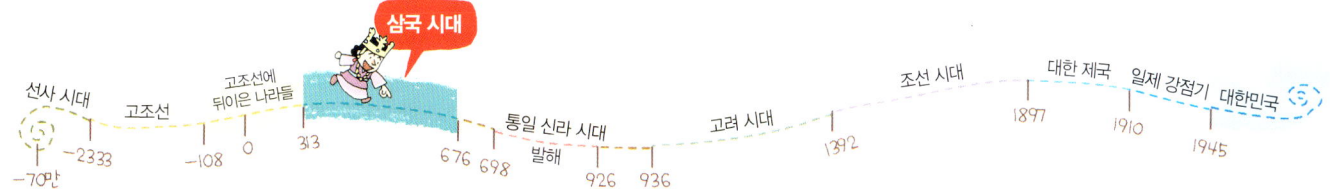

410년 고구려가 동부여와 동예를 통합하다

동부여는 고구려를 세운 주몽이 태어나 자란 곳으로, 고구려 제2대 유리왕 때에는 동부여의 대소왕이 고구려를 침략하기도 했다.

그러나 고구려 제3대 대무신왕의 정벌로 대소왕은 죽고, 동부여는 멸망하게 되어

410년에 광개토대왕이 이끈 고구려군의 공격을 받아 완전히 고구려의 영토에 편입되었다.

광개토대왕은 또 동해안 일대에 세력을 두고 있던 동예 역시 고구려의 영토로 만들었다.

413년 광개토대왕이 죽다

고구려 제19대 왕이 되어 영토와 세력을 크게 넓힌 광개토대왕은 413년에 39세의 젊은 나이로 세상을 떠나고 말았다.
광개토대왕은 만주 대륙을 고구려의 영토로 삼고 동아시아를 호령했으며, '영락'이라는 연호를 사용해 중국과 당당하게 맞섰다.
또 장사·사마·참군 등의 새로운 중앙 관직을 만들어 정치체제를 정비하는 데에도 힘썼다.

414년에 그의 업적을 기리어 〈광개토대왕릉비〉가 세워졌는데, 비에는 광개토대왕 때에 "나라가 부강하고 백성이 편안했으며 오곡이 풍성하게 익었다."라고 기록되어 있다.

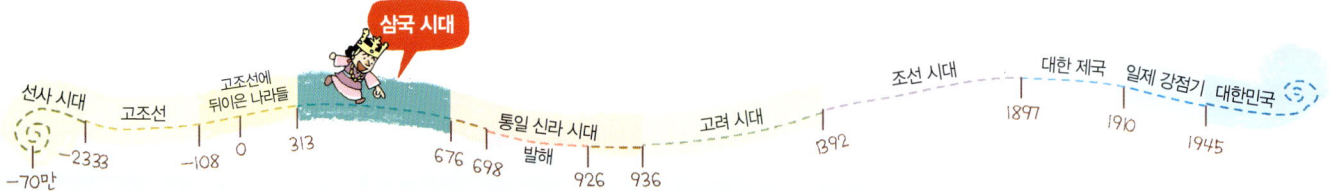

417년 신라의 실성왕이 눌지왕에게 살해되다

427년 고구려의 장수왕이 수도를 평양으로 옮기다

433년 신라와 백제가 나제동맹을 맺다

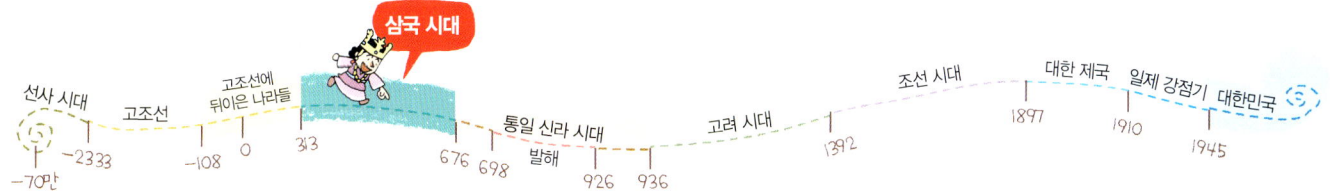

455년 신라와 백제가 고구려에 맞서 연합전선을 펴다

450년에 신라의 하슬라 성주가 신라의 국경 지대에서 고구려의 변방 장수를 살해하는 사건이 벌어졌다.

고구려 군사가 신라의 서부를 공격하자, 신라의 눌지왕은 고구려 장수왕에게 손이 발이 되도록 빌어 공격을 멈추게 했다.

하지만 고구려는 그로부터 5년 뒤인 455년에 백제를 공격했다. 그러자 신라는 나제동맹에 따라 군사를 보내 백제를 도왔다.

470년 신라가 삼년산성을 쌓다

신라의 눌지왕은 왜국과 고구려의 침입을 받기는 했지만, '시제'라는 저수지를 만들고, 소를 이용하는 우차 사용법을 백성들에게 가르쳤다. 또한 왕권을 강화해 아들에게 왕위를 물려주는 부자 상속제로 바꾸었다.

458년, 눌지왕이 죽자 부자 상속제에 따라 맏아들 자비왕이 왕위에 올라 삼년산성을 쌓았다.
지금의 충북 보은에 세워진 삼년산성은 당시에 신라가 백제를 공격하는 최전방 기지가 되었다.

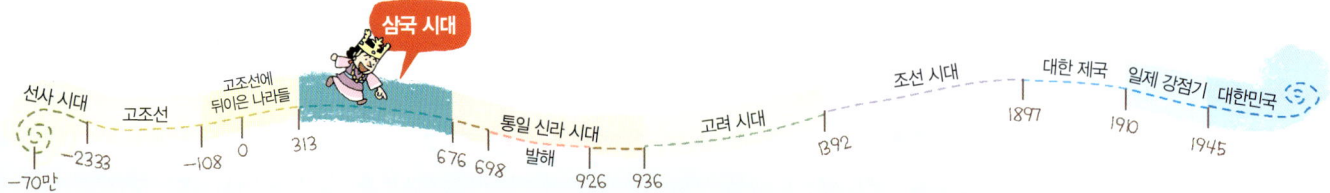

475년 고구려의 장수왕이 백제의 수도를 함락시키다

477년 백제의 문주왕이 해구에게 살해되다

493년 백제가 신라와 결혼동맹을 맺다

지도로 한번더 보는 역사 — 삼국 시대 2 (401년~500년)

❷ 414년 장수왕이 국내성에 광개토대왕릉비를 세우다.

❽ 494년 부여가 고구려에 편입되다.

❶ 410년 고구려가 동부여와 동예를 통합하다.

❸ 427년 고구려가 수도를 평양으로 옮기다.

❹ 470년 신라가 지금의 충북 보은 지방에 삼년산성을 쌓다.

❺ 475년 백제가 고구려군에게 수도인 위례성과 한강 유역을 빼앗기다.

❼ 490년 신라의 소지왕이 경주에 시장을 열어 지방의 상품을 유통시키다.

❻ 475년 백제가 웅진(지금의 충남 공주)으로 도읍지를 옮기다.

❾ 498년 백제가 탐라국(지금의 제주)을 지배하다.

❿ 500년 백제 동성왕이 궁성(공산성) 동쪽에 임류각이라는 궁궐을 짓다.

고구려의 전성기

이 시대엔 이런 일들도!

418년
신라의 충신 박제상이 고구려에 사신으로 가서 장수왕을 설득해 눌지왕의 동생 복호를 데려왔다.

487년
신라에서는 사방에 우편역을 설치하고 도로와 월성을 수리했다. 소지왕이 월성으로 거처를 옮겼다.

490년
신라 소지왕이 수도였던 경주에 시장을 열어 각 지방의 상품을 유통시켰다.

494년
세력을 잃고 이름만 유지해 오던 부여가 물길족의 침입을 받아 멸망하자, 부여의 왕이 고구려에 항복했다. 이로써 부여가 공식적으로 고구려에 합병됐다.

498년
백제의 동성왕이 백제에게 공물을 바치지 않는 탐라국을 응징하려고 군사를 이끌고 무진주(지금의 광주)에 이르렀다가 탐라국을 정복했다.

삼국 시대 3

501년~600년

백제의 왕과 귀족이 세력 다툼을 벌이는 사이에, 신라는 불교를 받아들이고 율령을 반포하며 왕권을 키워 갔다. 그리고 고구려와 백제에 맞서는 강대국의 모습을 갖추기 시작했다. 신라는 금관가야를 정복하며 세력을 넓혔고, 백제와 맺었던 나제동맹을 깨고 한강 유역을 차지하기도 했다.
한편 고구려는 중국 대륙을 통일한 수나라의 공격을 받아 전쟁을 크게 벌이게 된다.

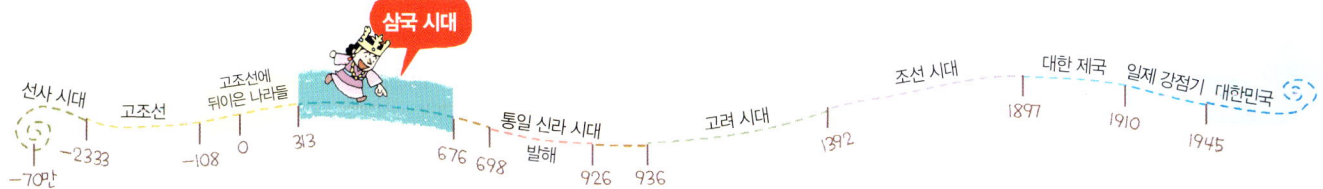

501년 백제 동성왕이 백가에게 암살되다

503년 나라 이름을 '신라'로 하고 '왕'이라는 호칭을 쓰다

신라의 제21대 임금인 소지왕이 아들 없이 죽자, 지증왕이 제22대 임금으로 왕위를 이었다. 지증왕은 왕위에 올라 지금까지 사라·사로·신라 등으로 바뀌던 나라 이름을 '신라'로 확정했다. 또한 국왕의 호칭을 마립간에서 '왕'으로 바꾸었다.

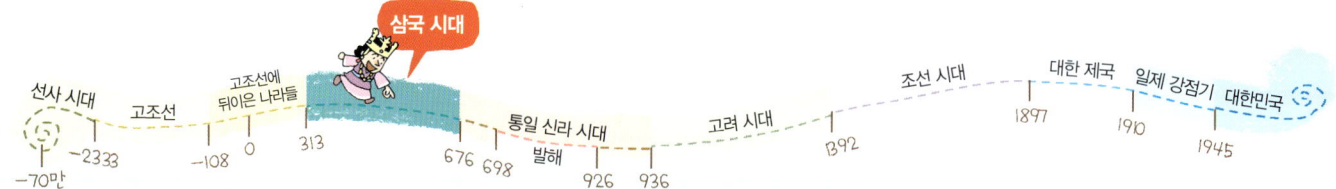

505년 신라가 주·군·현을 정하고 주군 제도를 실시하다

512년 신라의 이사부가 우산국을 점령하다

520년 신라에서 율령을 반포하고 공복을 제정하다

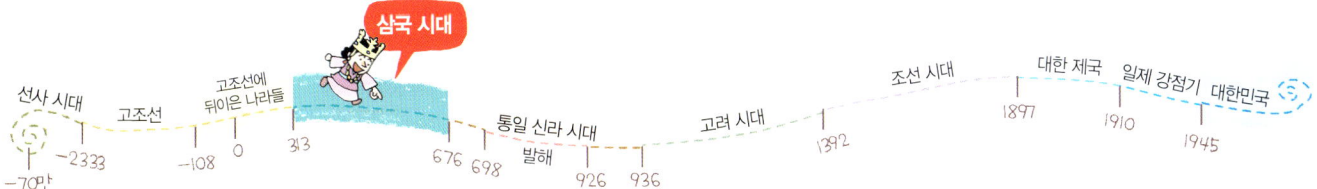

528년 신라가 불교를 공인하다

532년 신라가 금관가야를 통합하다

538년 백제가 도읍지를 사비로 옮기고 국호를 '남부여'로 고치다

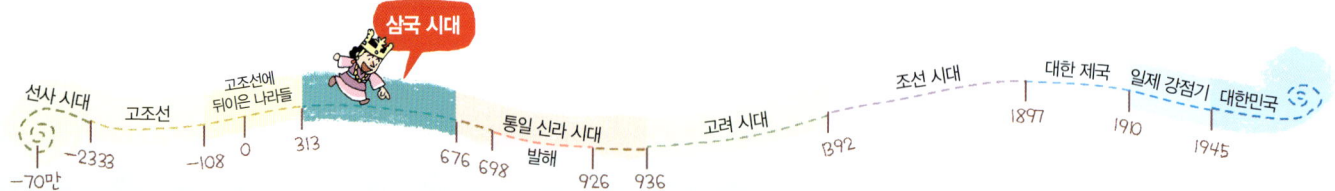

552년 고구려가 장안성을 쌓기 시작하다

553년 백제와 신라의 나제동맹이 깨지다

598년 고구려가 수나라 30만 대군을 물리치다

지도로 한번더 보는 역사 — 삼국 시대 3 (501년~600년)

❿ 598년 고구려가 말갈군과 연합하여 요서 지방을 공격하다.

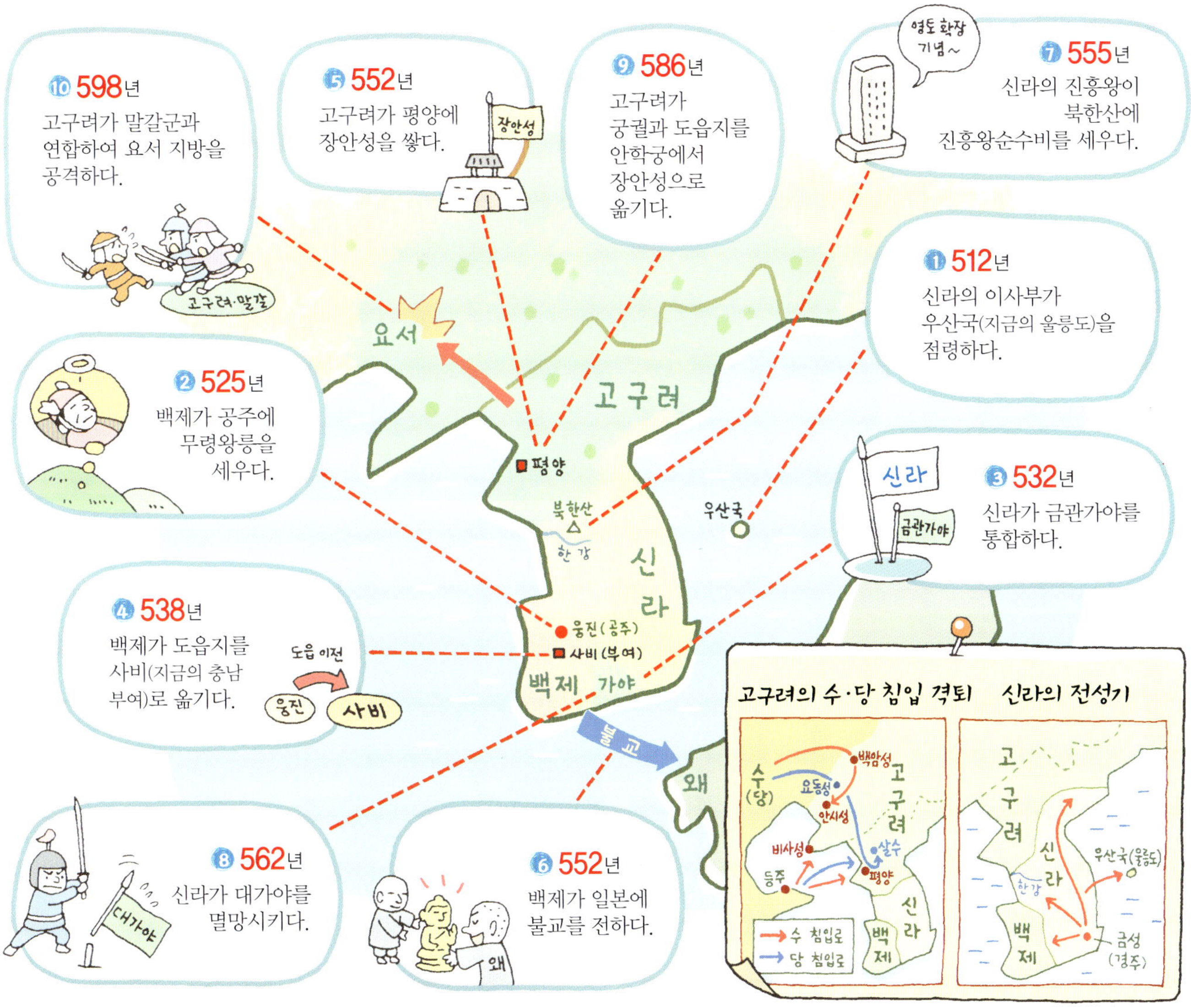

❺ 552년 고구려가 평양에 장안성을 쌓다.

❾ 586년 고구려가 궁궐과 도읍지를 안학궁에서 장안성으로 옮기다.

❼ 555년 신라의 진흥왕이 북한산에 진흥왕순수비를 세우다. (영토 확장 기념~)

❶ 512년 신라의 이사부가 우산국(지금의 울릉도)을 점령하다.

❷ 525년 백제가 공주에 무령왕릉을 세우다.

❸ 532년 신라가 금관가야를 통합하다.

❹ 538년 백제가 도읍지를 사비(지금의 충남 부여)로 옮기다.

❽ 562년 신라가 대가야를 멸망시키다.

❻ 552년 백제가 일본에 불교를 전하다.

고구려의 수·당 침입 격퇴 | 신라의 전성기

이 시대엔 이런 일들도!

536년 신라가 독자적인 연호를 처음으로 사용했다. 연호는 '건원'이다.

545년 신라가 거칠부에게 명령해 《국사》라는 역사책을 편찬하게 했다.

552년 백제의 성명왕이 노리사치계를 일본에 보내 불교를 전했다.

576년 신라에서 젊은 인재를 선발하고 키우는 조직인 원화 제도를 시작했다. 원화 제도는 뒤에 화랑 제도로 바뀌었다.

590년 고구려의 온달 장군이 아단성(아차산성)에서 전사했다.

600년 고구려의 태학박사 이문진이 역사서 《신집》 5권을 편찬했다.

우리 역사 그림 연표

삼국 시대 4와 통일 신라 시대 1

601년~700년

고구려와 백제가 내분과 분열로 어수선한 틈에, 신라가 중국 당나라와 손을 잡고 백제와 고구려를 공격해 멸망시켰다. 그 뒤 당나라는 한반도를 지배하려는 욕심을 품고 신라와 전쟁을 벌였지만, 신라의 공격에 패해 한반도에서 물러나고 말았다.
한편 대조영이란 인물이 고구려 유민과 말갈족을 이끌고 '진'이라는 나라를 세워 옛 고구려의 영토를 회복하며 세력을 넓혀 가기 시작했다. 대조영이 세운 진 나라는 뒤에 '발해'가 된다.

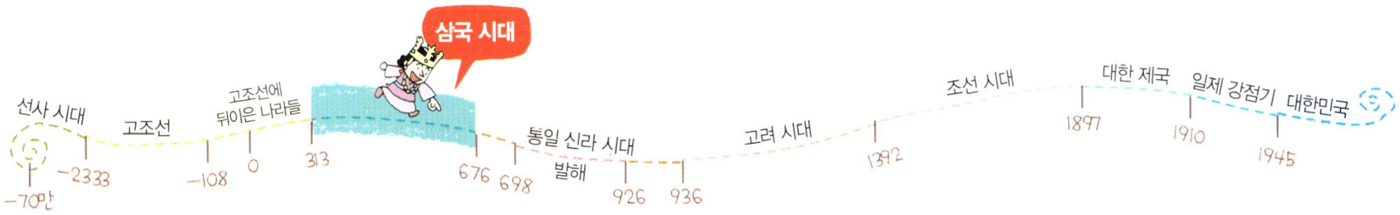

612년 고구려의 을지문덕이 살수에서 수나라 대군을 물리치다

수나라는 598년에 30만 대군을 이끌고 고구려를 침략했지만 큰 피해만 입고 돌아갔다. 그 후 수나라 양제가 아버지 문제를 살해하고 왕위에 올라 다시 113만 대군을 이끌고 고구려를 침략해 왔다.
그러자 고구려의 명장 을지문덕은 치밀한 작전을 세워 적군을 지치게 만든 뒤 살수로 유인하여, 막아 두었던 둑을 터 세찬 물살로 적군을 몰살시켰다. 이 전투를 '살수대첩'이라고 한다. 이때 죽임을 당한 적군의 수는 무려 30만 명이었고, 그로부터 6년 뒤 618년에 수나라는 멸망의 길을 걷게 된다.

631년 고구려가 천리장성을 쌓기 시작하다

중국에서는 수나라가 멸망하고 당나라가 세워졌다. 626년 당나라 2대 황제에 오른 태종은 당나라를 대제국으로 만들려는 야심을 품었다.

당나라의 야심을 알아챈 고구려는 당나라의 침입을 막기 위해 고구려의 서부 변경(요동 지방)에 성을 쌓기 시작했다.

공사 시작 북쪽 만주 중부 지역인 부여성 (지금의 눙안)

공사 끝 남쪽 발해만에 있는 비사성 (지금의 중국 랴오닝 성 랴오둥 반도 남쪽 끝의 다롄)

무려 16년이 걸려 646년에 완성했는데, 연개소문이 지휘 감독을 했다.

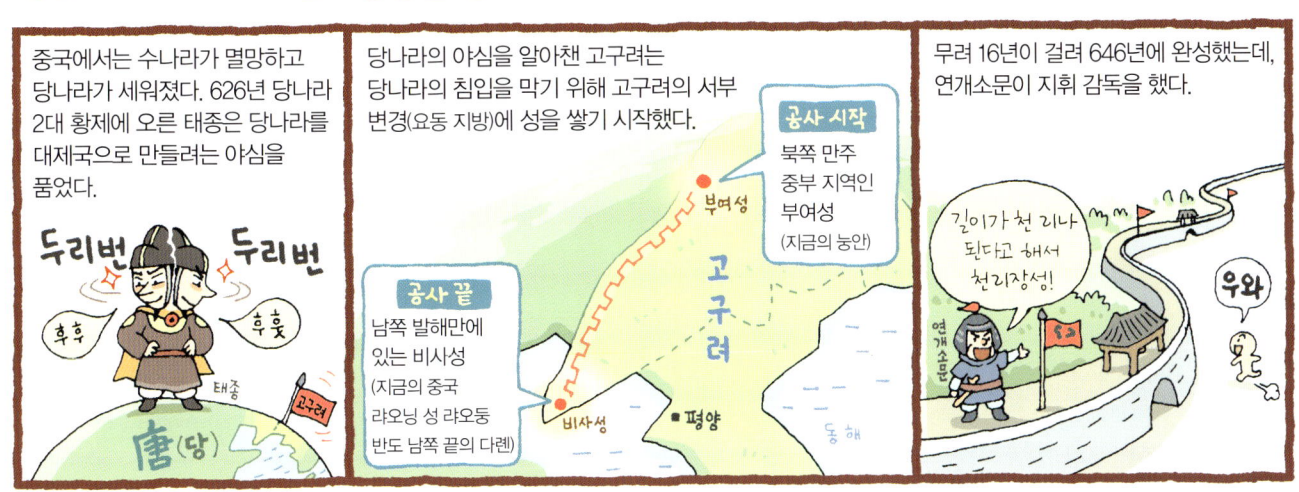

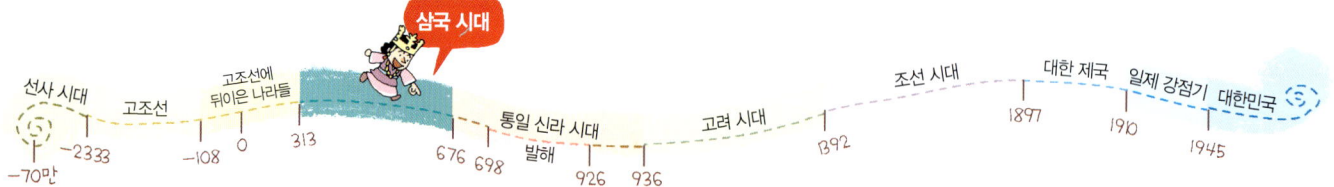

632년 신라 화백회의에서 선덕여왕을 왕으로 추대하다

642년 고구려의 연개소문이 정권을 장악하다

645년 고구려의 양만춘이 안시성에서 당나라 군사를 물리치다

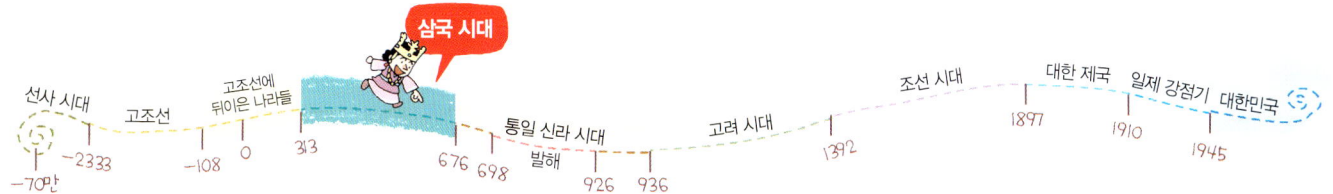

660년 신라와 당나라 연합군의 총공격으로 백제가 멸망하다

668년 신라와 당나라 연합군의 공격으로 고구려가 멸망하다

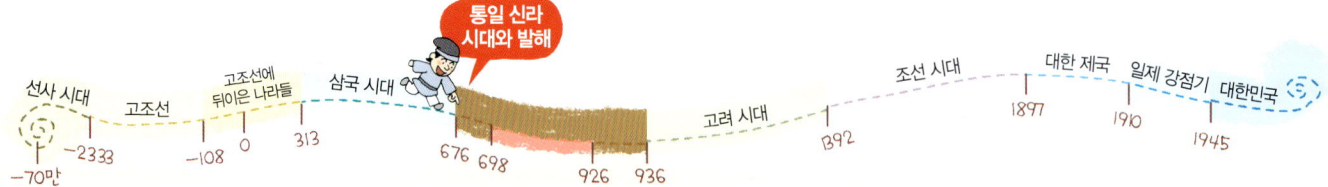

676년 신라가 당나라 군대를 몰아내고 삼국 통일을 이루다

687년 신라가 전국을 9주 5소경으로 편성하다

698년 대조영이 '진'이라는 나라를 세우다

지도로 한번더 보는 역사 — 삼국 시대 4와 통일 신라 시대 1 (601년~700년)

④ 646년 고구려가 천리장성을 완성하다.

⑨ 698년 대조영이 천문령에서 당나라 군대를 물리치다.

⑩ 698년 대조영이 동모산(지금의 중국 지린 성 둔화 시)에 성을 쌓고 '진'이라는 나라를 세우다.

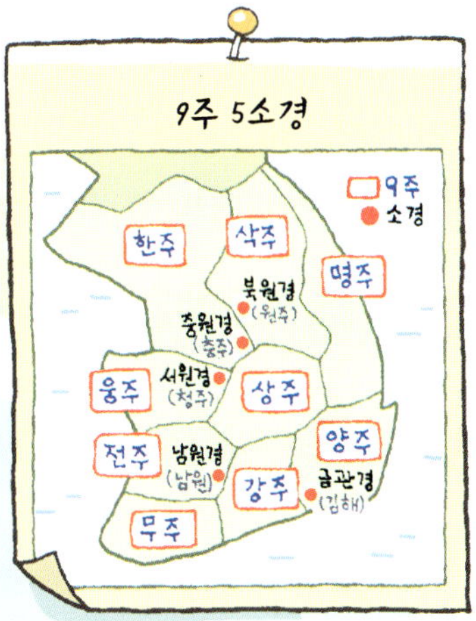

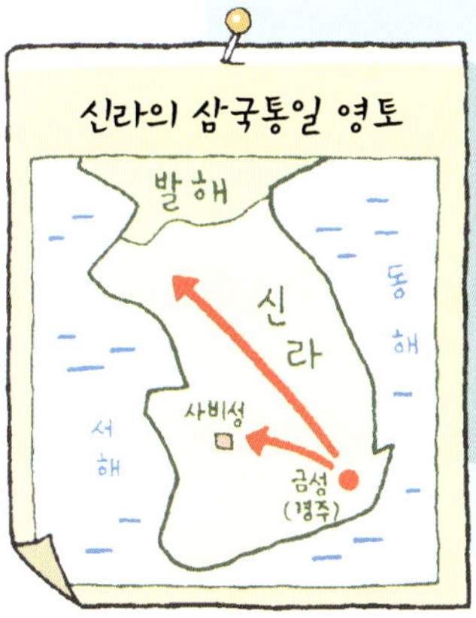

③ 645년 고구려의 양만춘 장군이 안시성에서 당나라 군대를 물리치다.

⑥ 670년 고구려의 검모잠이 한성을 근거지로 삼고 고구려 부흥운동을 벌이다.

① 612년 고구려의 을지문덕 장군이 살수(지금의 청천강 유역)에서 수나라 대군을 물리치다.

⑦ 675년 신라가 매소성(지금의 경기도 연천)에서 당나라 군대를 물리치다.

⑤ 661년 백제의 흑치상지 등이 임존산(지금의 예산)에서 군사를 모아 당나라 군대에 대항하며 백제 부흥운동을 벌이다.

⑧ 676년 신라가 기벌포(지금의 금강 하구)에서 당나라 군대를 물리치다.

② 642년 백제의 의자왕이 신라를 공격해 미후성(경상도 서쪽으로 짐작) 등 40여 개 성을 빼앗고 대야성(경남 합천)을 함락시키다.

이 시대엔 이런 일들도!

610년 고구려의 담징이 일본에 건너가 호류사 금당 벽화를 그렸다.

647년 신라 선덕여왕이 첨성대를 세웠다. 첨성대는 세계에서 가장 오래된 천문대이다.

647년 신라의 상대등 비담과 염종 등 진골 귀족들이 여왕에게 정치를 잘못한다는 구실을 대며 반란을 일으켰다. 김춘추와 김유신이 반란을 진압했다.

654년 진덕여왕이 죽자, 김춘추가 군신들의 추대를 받아 태종무열왕으로 왕위에 올라 신라 최초 진골 출신 왕이 되었다.

682년 신라 신문왕이 국학을 설치하여 학문을 발전시켰다. 국학은 오늘날의 국립대학과 같은 교육 기관이다.

695년 신라에서 서시전과 남시전을 설치했다.

통일 신라 시대 2와 발해 1

701년~800년

삼국을 통일한 신라는 행정 조직과 토지 제도를 새롭게 마련해 정치와 경제를 안정시키고 당나라와 교류하여 문화를 발달시켰다. 이때 옛 고구려인들이 북쪽의 만주 지역에 발해를 세워 통일 신라와 대립하고 경쟁하게 된다. 발해는 도읍지를 여러 차례 옮기며 국력을 키웠으며 행정 조직을 갖추고 영토를 넓혀 고구려를 잇는 동아시아의 강국으로 커 갔다.

713년 진나라가 나라 이름을 '발해'로 고치다

당나라는 진나라의 세력이 커지자 진나라를 국가로 인정하지 않을 수 없었다. 따라서 사신을 파견해 대조영을 발해군왕으로 책봉했다. 이때부터 진나라는 나라 이름을 '발해'로 바꾸었다. (진나라 스스로 이름을 '발해'로 바꾸고 당나라에 통보했다는 의견도 있다.) 발해는 이때에 동모산 동북 지역의 상경을 도읍으로 정하고 사방 2천 리의 영토와 10만 호 정도의 규모를 이루고 있었다.

714년 신라에서 통문박사를 두어 외교문서 업무를 맡게 하다

728년 발해가 처음으로 일본에 사신을 보내다

732년 발해의 장문휴가 당나라의 등주를 공격하다

735년 신라가 국토의 경계를 패강으로 확정짓다

738년 발해가 중앙 행정 조직을 만들다

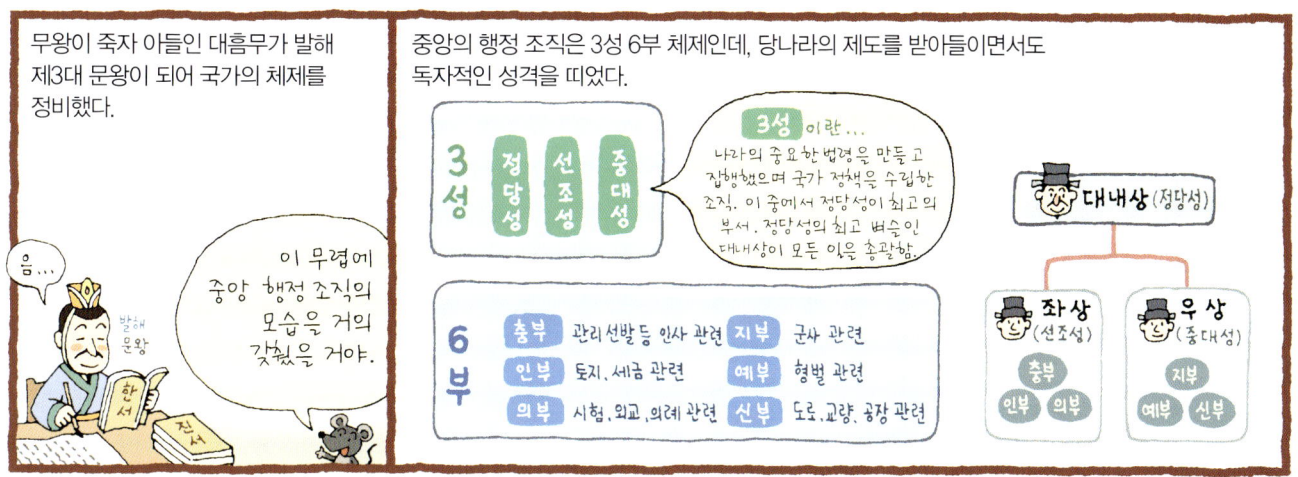

756년 발해가 도읍지를 상경용천부로 옮기다

780년 신라 김양상이 반란 세력을 물리치고 왕위에 오르다

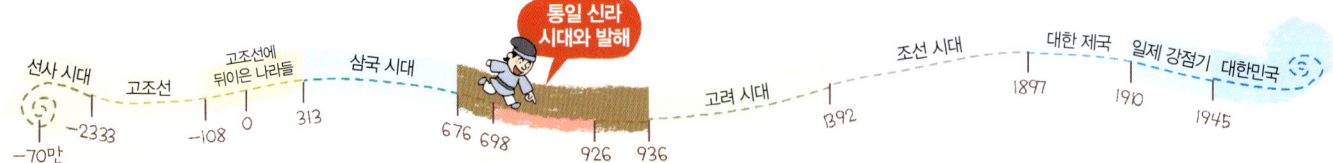

785년 신라의 상대등 김경신이 원성왕이 되다

788년 신라의 원성왕이 독서삼품과를 설치하다

원성왕은 유학을 통해 나라를 다스리려는 뜻을 품고 있었다. 그래서 왕위에 오른 지 4년째 되던 해에 유학을 가르치는 국학의 학생들을 독서 능력에 따라 상·중·하로 나누고 관리를 선발하는 데에 참고했다. 이것을 '독서삼품과' 또는 '독서출신과' 라고 한다.

지도로 한번더 보는 역사 — 통일 신라 시대 2와 발해 1 (701년~800년)

5 742년
발해가 수도를 중경현덕부(지금의 중국 지린 성 허룽 시)로 옮기다.

1 713년
진나라가 수도를 상경용천부로 옮기고 '발해'로 국호를 바꾸다.

6 756년
발해가 수도를 상경용천부(지금의 중국 헤이룽장 성 닝안 시 동경성)로 옮기다.

3 732년
발해의 장문휴가 당나라 등주를 공격하다.

7 785년
발해가 수도를 동경용원부(지금의 중국 지린 성 훈춘 시 팔련성)로 옮기다.

2 727년
발해가 일본에 처음으로 사신을 보내다.

4 735년
신라가 당나라와 외교를 해 북쪽 국경을 패강(대동강) 이남으로 확정하다.

8 788년
신라가 국학에 독서삼품과를 설치하다.

이 시대엔 이런 일들도!

727년
신라의 승려 혜초가 인도를 여행하고 《왕오천축국전》을 썼다.

749년
신라에서 천문박사 1명, 누각박사 6명 등 천문·역학의 전문가를 두어 시각을 측정하게 했다.

751년
신라의 김대성이 불국사를 창건했다.

757년
신라의 경덕왕이 귀족들의 반발에 녹읍제를 부활시켰다.

765년
신라의 충담사가 향가인 〈찬기파랑가〉, 〈안민가〉를 지었다.

771년
성덕대왕 신종이 완성되어 봉덕사에 걸렸다.

785년
발해의 문왕이 수도를 동경 용원부로 옮겼다.

우리 역사 그림 연표 **73**

통일 신라 시대 3과 발해 2

801년~900년

신라의 귀족들이 사치스러운 생활을 할 정도로 힘과 재산이 커지자 권력을 둘러싸고 반란이 일어났다. 나아가 지방 관리들의 부정과 부패로 나라 곳곳에서 백성들이 반란을 일으키기도 했다. 결국 궁예라는 인물이 반란의 무리들을 모아 강원, 경기, 황해 일대를 점령하며 세력을 키워 갔으며, 견훤이라는 인물은 전라도 지역을 중심으로 세력을 키워 신라에 대항했다.

807년 신라의 애장왕이 공식 20여 조를 발표하다

818년 발해의 선왕이 전성기를 이루어 '해동성국'이 되다

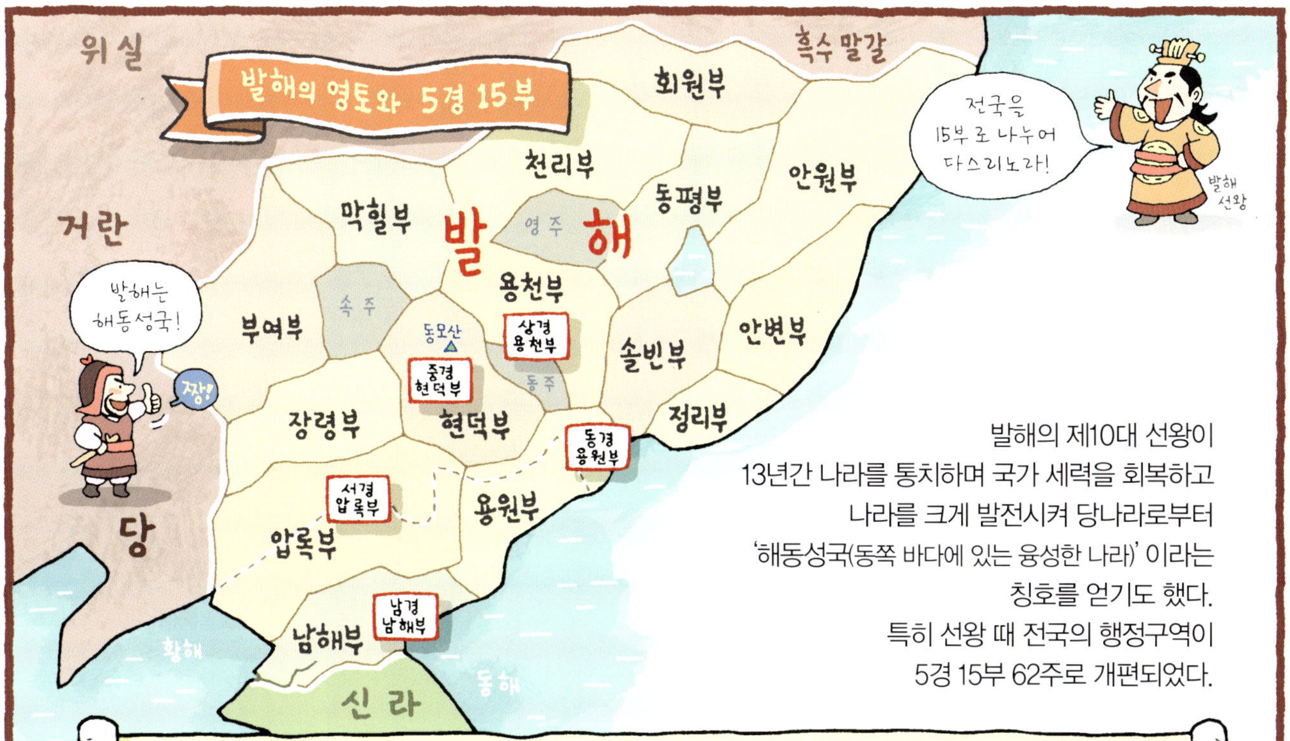

발해의 제10대 선왕이 13년간 나라를 통치하며 국가 세력을 회복하고 나라를 크게 발전시켜 당나라로부터 '해동성국(동쪽 바다에 있는 융성한 나라)'이라는 칭호를 얻기도 했다. 특히 선왕 때 전국의 행정구역이 5경 15부 62주로 개편되었다.

5경 발해의 중심이 되는 도시. 상경용천부, 중경현덕부, 동경용원부, 남경남해부, 서경압록부

15부 지방 행정의 중심이 되는 곳을 부여부 등 15부로 나누고, 각 부에 도독을 두어 각 지역의 행정을 총괄하게 한 것.

62주 부 아래에 다시 행정구역 62부를 설치하고, '자사'라는 관리를 파견해 다스리게 한 것.

828년 장보고가 청해진 대사가 되다

839년 장보고의 도움을 받아 신무왕이 왕위에 오르다

846년 장보고가 염장에게 살해되다

880년 헌강왕이 월상루에 올라가 화려한 도성을 바라보다

889년 신라의 지방 곳곳에서 반란이 일어나다

894년 최치원이 시무 10조를 진성여왕에게 올리다

899년 궁예가 양길을 물리치고 세력을 이끌다

900년 견훤이 후백제를 세우다

지도로 한번더 보는 역사 — 통일 신라 시대 3과 발해 2 (801년~900년)

❻ 896년
궁예가 송악을 점령하고 왕건을 부하로 삼다.

❹ 891년
궁예가 양길의 부하로 들어간 뒤, 임진강 유역에서 독자적인 세력을 세우다.

발해의 도읍지와 행정구역 
앞 75 페이지 818년을 참고하세요~
5경 15부 26주

청해진과 장보고의 해상 활동

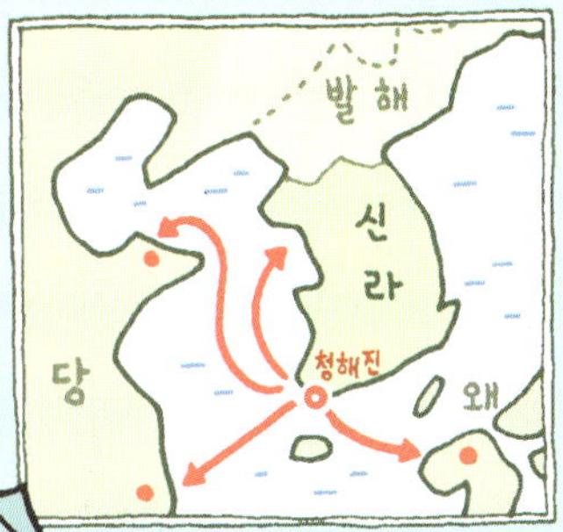

❶ 822년
신라에서 웅천주(공주) 도독 김헌창이 반란을 일으키다.

❼ 900년
견훤이 완산주를 점령하고 '후백제'를 세우다.

❸ 889년
신라 사벌주(지금의 경북 상주)에서 원종과 애노의 난이 일어나다.

❷ 828년
신라의 장보고가 지금의 완도에 청해진을 설치하다.

❺ 892년
견훤이 무진주를 점령하고 독자적인 기반을 세우다.

이 시대엔 이런 일들도!

802년
가야산에 해인사를 지었다.

834년
신라 흥덕왕이 모든 관등의 복색 제도를 고치고 백성들에게 사치를 금하는 명령을 내렸다.

876년
헌강왕이 황룡사에 큰 법회를 열어 불경을 강론하게 했다.

880년
처용무가 신라에 크게 유행했다.

888년
위홍과 대구화상이 향가집 〈삼대목〉을 지었다.

896년
궁예가 왕건의 항복을 받아들여 그를 부하로 삼고 철원군 태수로 임명했다.

고려시대 1

901년~1000년

궁예가 옛 고구려 지역을 중심으로 세운 후고구려와 견훤이 옛 백제 지역을 중심으로 세운 후백제가 신라와 대립하던 후삼국 시대가 막을 내렸다. 왕건이 궁예를 몰아내고 고려를 세운 뒤 후백제를 물리쳐 후삼국을 통일한 것이었다.
한편 발해는 내분과 거란의 침략으로 멸망하고 말았다. 이로서 한반도에 세워진 통일 국가, 고려의 시대가 시작되었다.

918년 왕건이 궁예를 몰아내고 고려를 세우다

926년 발해가 거란의 침략을 받아 멸망하다

935년 경순왕이 고려에 항복해 신라가 멸망하다

936년 왕건이 후삼국을 통일하다

후백제를 세운 견훤이 큰아들인 신검을 제치고 둘째 부인에게서 얻은 금강에게 왕위를 물려주려고 하자, 신검이 불만을 품어 견훤을 절에 가두고, 금강을 죽인 뒤 왕위에 올랐다. 신검의 행동에 크게 분노한 견훤은 절에서 도망쳐 고려 왕건에게 귀순했고, 견훤의 사위 박영규도 고려에 투항했다.

견훤이 앞장선 고려군은 신검이 이끄는 후백제군과 전투를 벌였는데, 고려군이 큰 승리를 거두고 신검에게 항복을 받아 냈다. 후백제를 멸망시킨 고려는 후삼국을 통일하는 주인공이 되었다.

956년 노비안검법을 실시하다

고려는 왕권 강화를 위해 지방 세력인 호족의 힘을 누르려고 여러 정책을 폈지만, 큰 효과를 보지 못했다.

그리하여 제3대 광종은 토지와 함께 호족들의 큰 재산이 되는 노비를 줄여야겠다고 생각했다.

광종은 노비의 안검(자세히 조사하여 살핌)을 명령하고 억울하게 노비가 된 자를 평민 신분으로 되돌려 주었다.

당시 노비는 호족들의 경제적인 재산일 뿐 아니라 개인의 군사로도 사용되었다.

958년 과거 제도를 실시하다

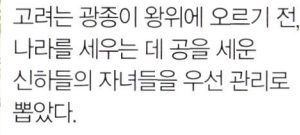

고려는 광종이 왕위에 오르기 전, 나라를 세우는 데 공을 세운 신하들의 자녀들을 우선 관리로 뽑았다.

그렇지만 광종은 관리를 뽑는 방법을 바꾸었다. 즉 시험을 치러서 인재를 뽑는 것이었다.

국가의 일을 처리하는 자리에 새로운 인물이 중요한 자리를 차지하게 되자,

막강한 힘을 누리던 공신들의 힘은 약해지고, 왕의 권한은 점점 세질 수 있었다.

960년 공복 제도를 정하다

광종은 나랏일을 하는 관리들이 조정에 나갈 때 예를 갖추어 입는 옷을 정해 모든 관리들에게 입도록 했다.

관리의 품계에 따라 옷의 색을 4가지로 나눈 것이다. 겉으로 보면 관리들의 계급과 질서를 잡은 것으로 보이지만,

속뜻은 임금과 신하 사이에 엄격하게 신분과 권력의 차이가 있다는 것이었다.

976년 전시과를 실시하다

광종의 뒤를 이은 경종은 '전시과'라는 새로운 토지 제도를 실시했다. 그 전의 토지 제도는 역분전이었다.

전시과는 문과와 무과를 막론하고 모든 관리들에게 벼슬의 등급과 인품에 따라 토지를 나누어 주는 제도이고,

역분전은 나라를 세우는 데 공을 세운 신하와 군사들에게 그 공에 따라 토지를 나누어 주었던 제도이다.

전시과는 '전지'와 '시지'를 줄인 말인데, 전지는 '곡식을 재배하는 땅'이고, 시지는 '나무를 재배하는 땅'을 뜻했다.

983년 12목을 설치하고 행정 조직을 정비하다

993년 서희가 거란의 소손녕과 외교적 담판을 벌이다

거란은 946년에 나라 이름을 '요'로 바꾸고 993년에 고려를 침략했다.
고려가 당나라 멸망 후 들어선 송나라와
적극적인 외교 관계를 맺고 있었기 때문이었다.
요나라는 송나라를 공격하기 전에 고려를 복종시켜,
고려가 송나라를 돕지 못하게 만들려 했다.

소손녕 장군이 이끄는 요나라의 80만 대군이 압록강을 건너 봉산군에 진을 치고 고려에게 항복을 요구했다. 고려 조정에서는 전세가 불리하니 서경 이북의 땅을 요나라에게 떼어 주고 강화를 맺자고 했다. 이때 종군사였던 서희가 반대하며 국서를 가지고 홀로 적진으로 가서 소손녕을 만나 외교적인 담판을 벌였다. 그 결과 오히려 압록강 동쪽의 여진족을 몰아내고 강동 6주를 얻어 내, 고려의 영토를 압록강에서 백두산까지 넓히는 결과를 이끌어 냈다.

지도로 한번더 보는 역사 — 고려 시대 1 (901년~1000년)

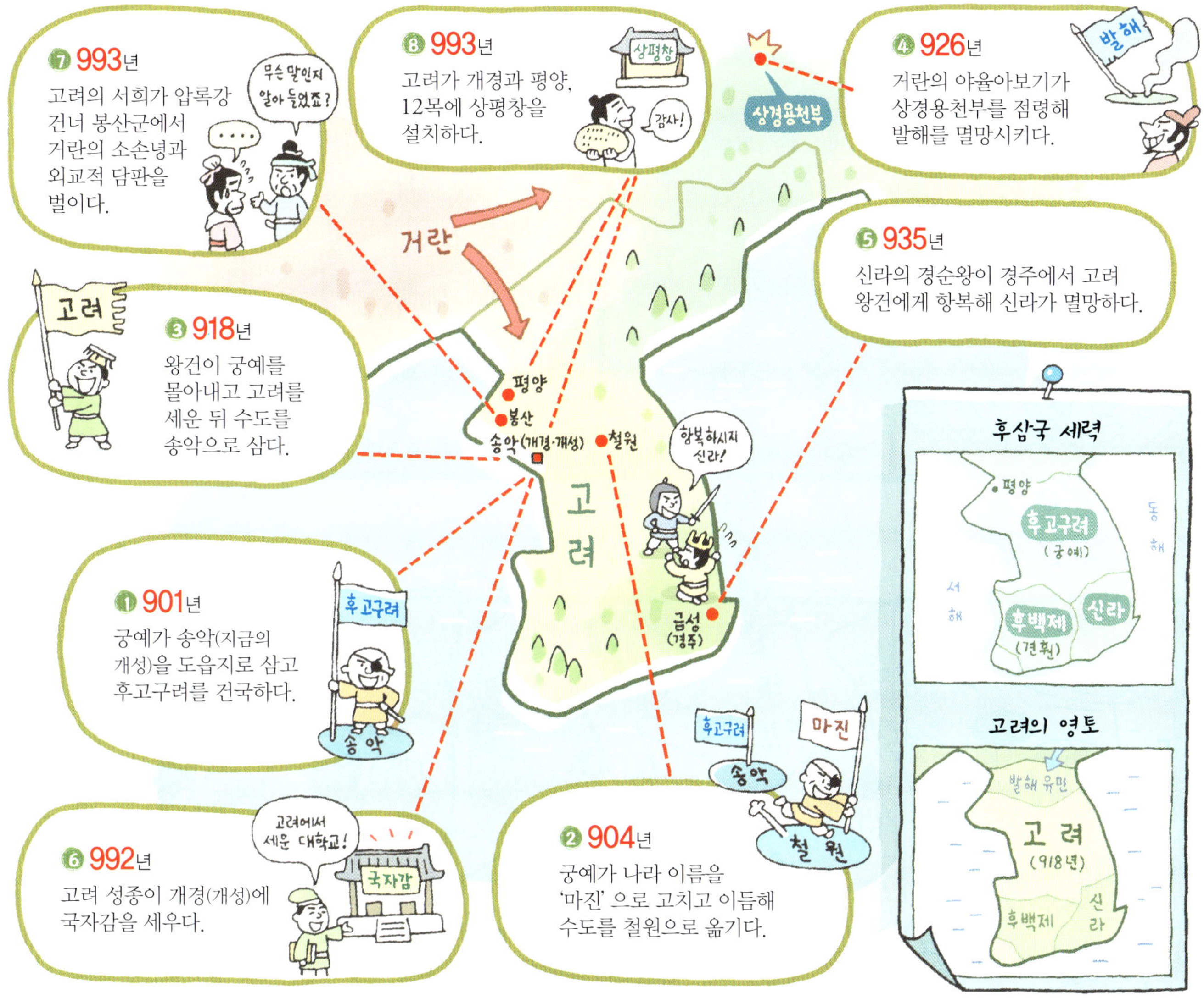

❼ 993년
고려의 서희가 압록강 건너 봉산군에서 거란의 소손녕과 외교적 담판을 벌이다.

❽ 993년
고려가 개경과 평양, 12목에 상평창을 설치하다.

❹ 926년
거란의 야율아보기가 상경용천부를 점령해 발해를 멸망시키다.

❸ 918년
왕건이 궁예를 몰아내고 고려를 세운 뒤 수도를 송악으로 삼다.

❺ 935년
신라의 경순왕이 경주에서 고려 왕건에게 항복해 신라가 멸망하다.

❶ 901년
궁예가 송악(지금의 개성)을 도읍지로 삼고 후고구려를 건국하다.

❻ 992년
고려 성종이 개경(개성)에 국자감을 세우다.

❷ 904년
궁예가 나라 이름을 '마진'으로 고치고 이듬해 수도를 철원으로 옮기다.

이 시대엔 이런 일들도!

943년
왕건이 죽으며 왕이 될 후손에게 나라를 다스리는 데 꼭 명심해야 할 10가지 교훈인 '훈요 10조'를 남겼다.

947년
정종이 왕권 강화와 거란 침입에 대비해 관군 30만 명을 조직했다.

987년
귀족들의 끈질긴 요구로, 평민이 된 사람들 중에 옛 주인을 경멸하는 자를 다시 노비로 삼는 노비환천법이 시행됐다.

993년
'상평창'이라는 특별한 창고가 생겨났다. 창고에는 곡식을 저장했으며, 창고는 물가 조절의 기능을 했다.

996년
상품의 교환과 유통을 원활하게 해 상업의 발전을 꾀하기 위해 처음으로 화폐가 만들어졌다. 화폐의 이름은 건원중보.

우리 역사 그림 연표

고려시대 2

1001년~1100년

발해를 멸망시킨 거란족이 3차에 걸쳐 고려를 침입해 왔다. 강감찬 장군이 귀주대첩으로 요나라 대군을 물리쳤고, 고려는 중국 송나라와 정식으로 국교를 맺으며 문화를 발달시켰다. 그리하여 정치·경제 면에서 여러 제도를 실시하며 나라의 기틀을 잡아 갔다.

1009년 강조가 목종을 내쫓고 현종을 왕으로 세우다

1010년 요나라가 고려를 2차 침입하다

1018년 전국을 5도 양계로 나누다

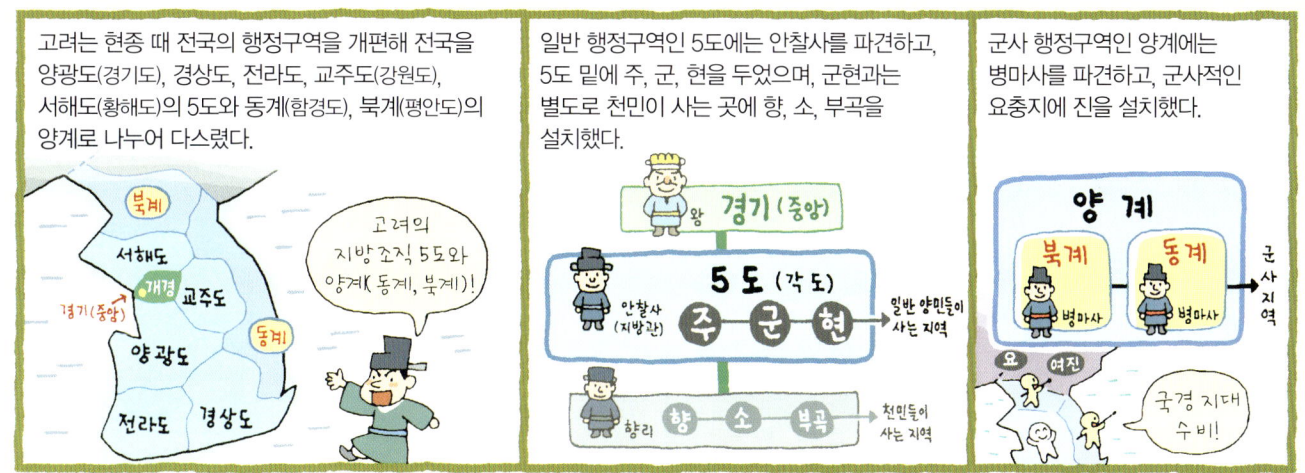

1019년 강감찬의 귀주대첩으로 요나라 군대가 물러나다

요나라 성종은 고려를 2차 침입했는데도 고려 임금이 신하로서 예의를 갖추러 오지도 않고 강동 6주도 반환하지 않자, 1018년에 다시 고려를 침입했다.

고려는 강감찬을 상원수, 강민첨을 부원수로 삼아 20만 대군을 결성해 맞서 싸우게 했다.

고려군은 흥화진에서 요나라 대군이 나타나자 막았던 강물을 터뜨려 적군에게 큰 피해를 주었다. 그렇지만 소배압이 이끄는 요나라 군대가 개경을 향해 진군하자, 고려군은 청야전술로 맞섰다.

고려의 강력한 방어에 요나라 군대는 1019년에 후퇴하기 시작했고, 강감찬은 귀주 벌판에서 요나라 군대를 크게 무찔렀다.

1033년 천리장성을 쌓기 시작하다

1047년 형법을 정비하다

1049년 공음전시법을 마련하다

1062년 삼원신수법을 마련해 범죄 조사가 공정하게 되도록 하다

1071년 고려가 송나라와 정식으로 국교를 맺다

문종은 송나라 상인들이 고려에 자유롭게 드나들도록 허락한 뒤, 송나라 상인들을 통해 송나라와 국교 맺기를 원한다고 송나라 왕실에 전했다. 물론 고려 조정에서는 요나라와 사이가 나빠질까 봐 송나라와 국교 맺는 것을 반대했다.

1068년 송나라는 고려에 사신을 보내 정식으로 국교를 맺자고 했고, 1071년 문종은 신하들의 반대를 물리치고 송나라와 정식으로 국교를 맺었다. 송나라는 고려와 힘을 합해 요나라를 압박하고 요나라에 빼앗긴 옛 땅을 되찾고자 했다. 그리고 고려는 송나라를 통해 요나라를 견제하는 한편, 송나라의 앞선 문물을 받아들여 문화를 발달시키고자 했다. 나아가 문종은 거란과도 외교 관계를 유지해 북방의 안정을 꾀했다.

1076년 양반전시과를 경정전시과로 고치다

지도로 한번더 보는 역사 — 고려 시대 2 (1001년~1100년)

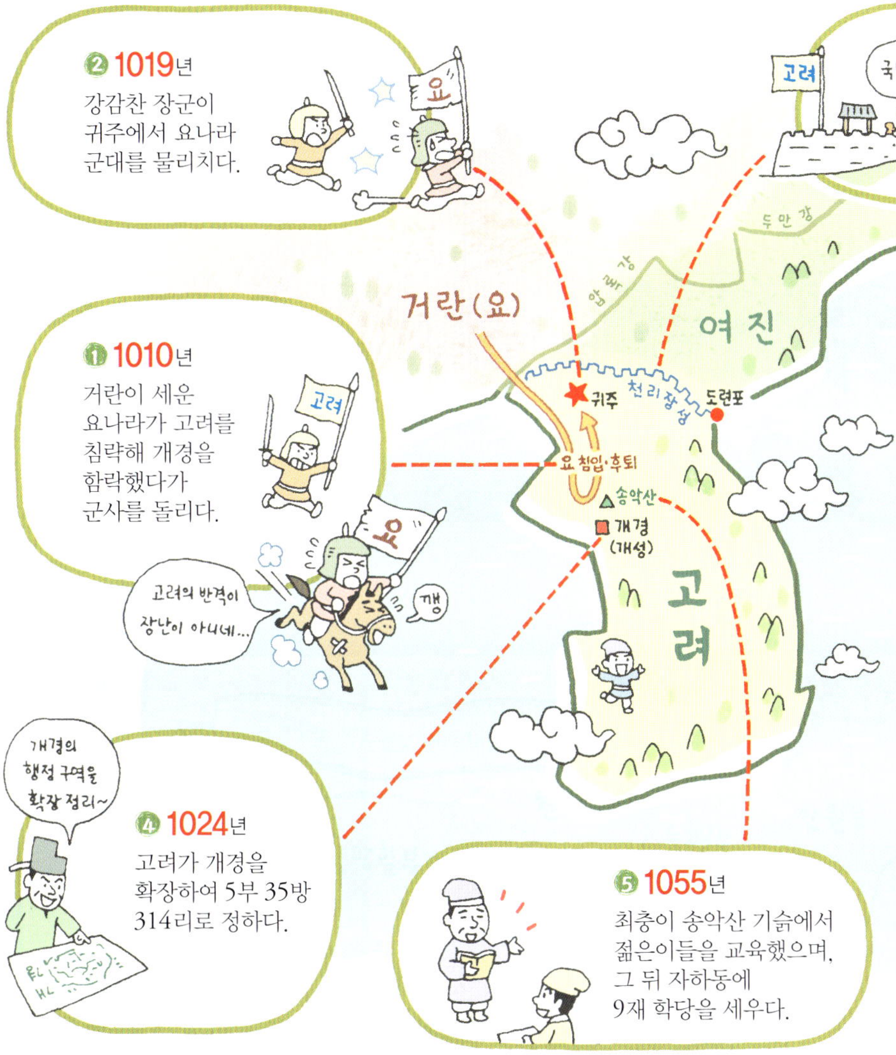

② 1019년
강감찬 장군이 귀주에서 요나라 군대를 물리치다.

③ 1033년
고려가 북쪽 국경 지대(압록강~도련포)에 천리장성을 쌓다.

① 1010년
거란이 세운 요나라가 고려를 침략해 개경을 함락했다가 군사를 돌리다.

④ 1024년
고려가 개경을 확장하여 5부 35방 314리로 정하다.

⑤ 1055년
최충이 송악산 기슭에서 젊은이들을 교육했으며, 그 뒤 자하동에 9재 학당을 세우다.

지방 통치기구 12목
중앙에서 파견한 12목
황주목, 해주목, 양주목, 광주목, 충주목, 공주목, 청주목, 상주목, 전주목, 진주목, 나주목, 승주목

강동 6주와 천리장성
거란, 여진, 흥화진, 귀주, 용주, 곽주, 철주, 통주, 고려, 개경(개성), 동해

이 시대엔 이런 일들도!

1011년
초조대장경 조판 작업을 시작했다.

1034년
《7대 실록》 36권이 편찬됐다.

1055년
최충이 벼슬에서 물러나 송악산 기슭에서 젊은 이들을 가르쳤다. 그 후 최충은 전 재산을 털어 학당을 짓고 교실 9개를 만들었다. 이를 '9재 학당'이라 한다.

1075년
혁련정이 승려 균여의 전기인 《균여전》을 지었다. 희귀한 향가가 실려 있어 고대 국어 연구에 귀중한 자료가 된다.

1077년
향리의 자제를 인질로 삼아 개경에 머물게 하는 기인 제도인 선상기인법을 제정했다.

1097년
대각국사 의천이 천태종을 창시했다.

고려시대 3

1101년~1200년

고려가 정치체제의 기틀을 다진 뒤 문벌귀족 중심의 사회로 자리를 잡아 가자, 왕권은 약해지고 문벌귀족들이 권력을 휘두르게 된다. 이자겸과 묘청의 난이 일어나 사회가 어수선한 가운데 문벌귀족 중심의 정치체제에 불만을 품은 무신들이 난을 일으켜 권력을 장악하고 무인시대를 열어 가게 되었다.

1104년 별무반이 만들어지다

1104년, 고려와 거란을 섬기던 여진족이 힘을 키워 두만강 유역까지 세력을 넓혔다. 이에 고려 숙종은 임간을 동북면 병마사로 임명해 여진족을 물리치게 했다. 그러나 보병으로 구성된 고려군은 여진족의 강력한 기병에 크게 패했다. 고려 조정은 다시 윤관을 지휘관으로 보내 여진족을 공격하게 했으나 여진족에게 패하고 말았다. 윤관은 숙종에게 여진족의 강력한 기병을 보병만으로는 막기 어렵다고 설명하고 새로운 군대를 만들어야 한다고 건의했다.

숙종은 윤관의 건의를 받아들여 새로운 군대를 편성하게 했는데, 그 군대가 별무반이다.
별무반은 기마병으로 이루어진 신기군, 보병으로 이루어진 신보군, 승병으로 이루어진 항마군으로 구성된 정예 부대이다.

1107년 윤관이 여진족을 정벌하다

우리 역사 그림 연표 93

1108년 윤관, 동북 9성을 쌓다

1126년 이자겸의 난이 일어나다

1135년 묘청이 서경에서 반란을 일으키다

1170년 정중부가 무신 정변을 일으키다

1179년 경대승이 도방 정치를 펴다

1190년 이의민이 무신 최고 권력자가 되다

1196년 최충헌이 이의민을 죽이고 권력을 잡다

1198년 최충헌이 만적의 봉기를 토벌하다

최충헌은 3000명이 넘는 사병을 거느렸으며 평상복 차림으로 대궐에 마음대로 출입했고, 임금에게 보고도 하지 않고 나랏일을 결정했다.
그러던 중 최충헌의 노비였던 만적이 노비들을 모아 봉기를 일으키려고 계획을 세우지만 탄로나고 말았다.
만적의 봉기는 실패하고 말았고, 만적을 비롯한 노비들 수백 명은 모두 죽임을 당했다.

지도로 한번더 보는 역사 — 고려 시대 3 (1101년~1200년)

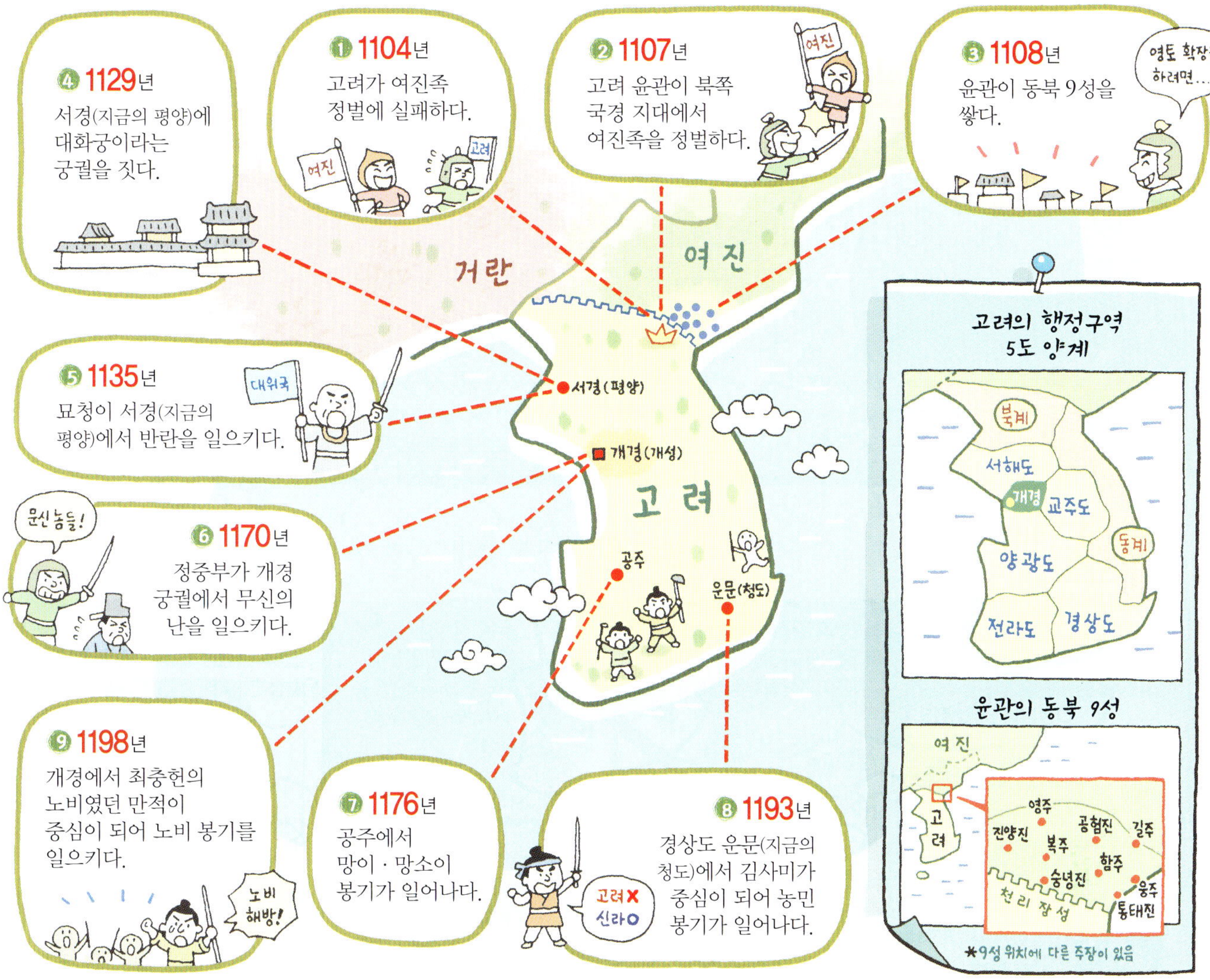

❹ 1129년 서경(지금의 평양)에 대화궁이라는 궁궐을 짓다.

❶ 1104년 고려가 여진족 정벌에 실패하다.

❷ 1107년 고려 윤관이 북쪽 국경 지대에서 여진족을 정벌하다.

❸ 1108년 윤관이 동북 9성을 쌓다.

❺ 1135년 묘청이 서경(지금의 평양)에서 반란을 일으키다.

❻ 1170년 정중부가 개경 궁궐에서 무신의 난을 일으키다.

❾ 1198년 개경에서 최충헌의 노비였던 만적이 중심이 되어 노비 봉기를 일으키다.

❼ 1176년 공주에서 망이·망소이 봉기가 일어나다.

❽ 1193년 경상도 운문(지금의 청도)에서 김사미가 중심이 되어 농민 봉기가 일어나다.

고려의 행정구역 5도 양계

윤관의 동북 9성
*9성 위치에 다른 주장이 있음

이 시대엔 이런 일들도!

1101년
국립대학 국자감에 '서적포'라는 출판부를 두어 출판과 인쇄 사업을 적극적으로 펼쳤다.

1102년
해동통보 1만 5000관을 만들어 문무 대신과 군인에게 나누어 주어 본격적으로 화폐를 유통시켰다.

1112년
혜민국을 설치해 병에 걸린 가난한 사람들을 돌보게 했다.

1145년
김부식이 《삼국사기》를 편찬했다.

1193년
경상도 운문(청도)에서 김사미와 초전(울산)에서 효심이 중심이 되어 농민 봉기가 일어났다.

우리 역사 그림 연표 **97**

고려시대 4

1201년~1300년

몇몇 무신들이 칼을 앞세워 권력을 휘두르자, 나라는 점점 더 혼란에 빠지고 백성들의 생활은 어려워졌다. 나라 곳곳에서는 백성들이 반란을 일으켰고, 아시아 대륙을 정복한 몽골군이 고려를 침략해 힘든 전쟁을 치러야 했다. 몽골군의 공격으로 무신 정권은 막을 내리고, 고려는 몽골의 지배를 받게 된다.

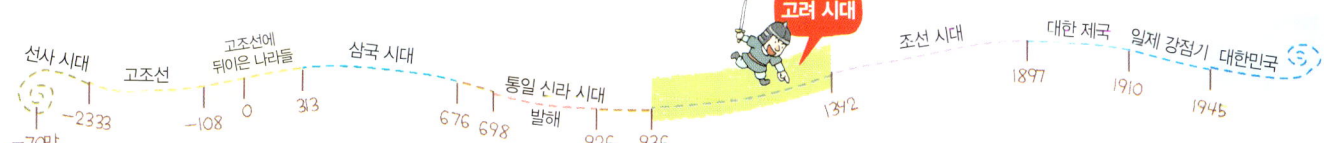

1209년 최충헌이 교정도감을 설치하다

최충헌이 권력을 잡자 그를 살해하려는 사건들이 이어졌다. 장군과 무인들, 역리 등이 최충헌과 그의 아들 최우를 살해하려는 계획을 세웠다가 발각되었던 것이다. 최충헌은 자신을 죽이려는 세력을 잡아들이기 위해 임시로 교정도감을 설치했다.
그러나 그 뒤 교정도감은 최씨 정권의 반대 세력을 제거하는 데 이용될 뿐 아니라 국정을 총괄하는 최고 정치기구가 되었다.
그리고 그때부터 무신정권 최고의 권력자는 '교정별감'이라는 관직에 임명되었다.

1219년 고려군과 몽골군이 연합해 거란족을 물리치다

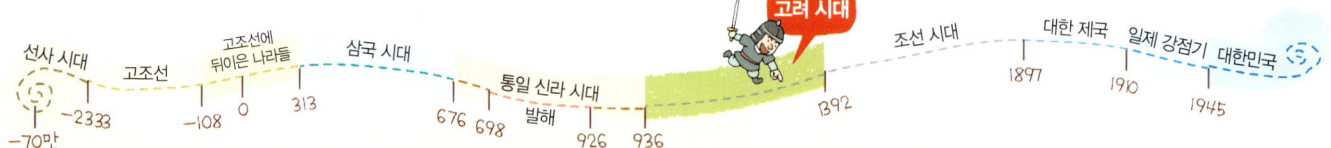

1225년 몽골 사신 저고여가 살해되다

1231년 살리타가 몽골군을 이끌고 고려를 1차 침략하다

1232년 몽골군의 2차 침입 때 처인성 전투가 벌어지다

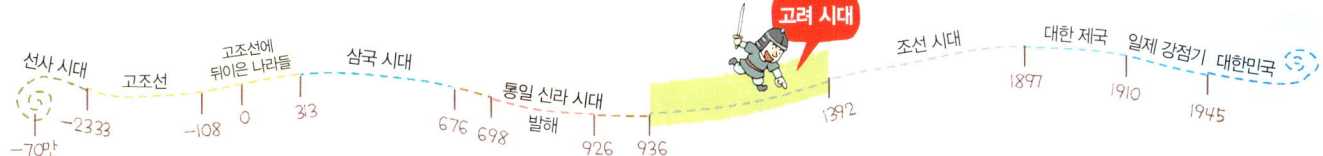

1254년 몽골군의 5차 침입 때 충주성 전투가 벌어지다

1233년과 1234년, 몽골군은 동진과 금나라를 멸망시키고 1235년에 3차, 1247년에 4차로 고려를 침입했다.

고려는 '팔만대장경'을 만들며 몽골군과 싸웠지만 큰 피해와 희생이 따랐다.

고려 조정에서는 몽골군에게 강화를 요청했고, 몽골군은 강화를 받아들여 철수했다. 1253년에 몽골군은 다시 5차 침입을 했는데,

이때 김윤후가 충주성에서 70여 일간 전투한 끝에 몽골군의 공격을 막아 내며 승리하기도 했다.

1258년 최씨 정권이 무너지다

최충헌부터 시작된 최씨 무신 정권은 몽골군의 침입을 겪으면서도 최우(훗날 '최이'로 이름을 바꿈) → 최항 → 최의로 이어졌다.

1257년, 최항이 병이 들어 아들 최의에게 권력을 물려주었는데, 최의는 어린 데다가 판단력도 뛰어나지 못했다.

1258년에 김준이 부하 임연과 문신이었던 유경 등과 모의해 최의를 살해했다. 4대에 걸쳐 62년 동안 계속된 최씨 무신 정권이 무너진 것이다.

고려 조정은 몽골의 요구를 받아들이겠다고 약속하며 몽골과 화해했다. 이로써 28년 동안 계속된 고려와 몽골의 전쟁은 끝났다.

1269년 무신 정권이 막을 내리다

1259년, 고종이 세상을 떠나자 몽골에 가 있던 태자가 돌아와 고려 제24대 원종이 되었다.

그런데도 무신 정권은 유경 → 김준 → 임연으로 이어지며 계속되었다. 그런데 수도를 옮기는 문제로 임연과 원종이 대립하게 되자,

임연은 원종을 왕위에서 끌어내리고 고종의 둘째 아들을 왕으로 세웠으나 몽골의 개입으로 원종이 다시 복위했다.

임연이 갑자기 죽자 둘째 아들 임유무가 교정별감에 올랐으나, 원종의 명령을 받은 자들에게 살해되었다.

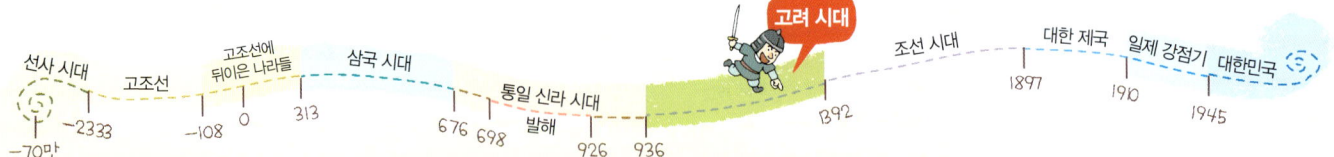

1270년 삼별초 항쟁이 일어나다

무신 정권이 막을 내리자 원종은 개경으로 도읍지를 옮기려고 했다. 그러나 이를 반대하는 무리들이 반란을 일으켰는데, 바로 삼별초였다.

원종은 개경으로 돌아가 삼별초의 명부를 몽골에게 넘겨주면 몽골이 삼별초를 가만두지 않을 것이라고 생각했다.

삼별초는 배중손과 노영희의 지휘 아래 새로운 왕을 세우고 고려 정부와 대항했다. 강화도에서 진도로, 진도에서 제주도로 근거지를 옮겨 가며 고려 정부군과 몽골군의 연합 군대에 맞섰으나 결국 제주도에서 항복하고 말았다.

1281년 몽골군이 고려군과 함께 일본 정벌에 나서다

*가미카제 – 신이 일본을 도와주기 위해 일으킨 바람이란 뜻

지도로 한번더 보는 역사 — 고려 시대 4 (1201년~1300년)

❷ 1232년
몽골의 침입으로 고려 조정이 임시로 수도를 강화도로 옮기다.

❶ 1225년
몽골의 사신 저고여가 압록강 변에서 살해되다.

❼ 1270년
몽골이 자비령(황해도 서흥군에 있는 고개)을 경계로 삼아 그 이북 지역을 다스리기 위해 서경(평양)에 통치 기구인 동녕부를 설치하다.

❻ 1258년
몽골이 철령 이북의 땅을 다스리기 위해 화주(지금의 함경남도 영흥)에 쌍성총관부를 설치하다.

❽ 1270년
배중손, 노영희의 지휘 아래 삼별초가 강화도, 진도, 제주도에서 몽골군에 대항하다.

❸ 1232년
몽골군 제2차 침입 때 김윤후가 이끄는 농민군이 처인성(지금의 경기도 용인)에서 몽골군을 물리치다.

❺ 1254년
몽골군의 5차 침입 때 김윤후가 이끄는 농민군이 충주성(지금의 충북 충주시)에서 몽골군을 물리치다.

❾ 1281년
몽골이 김해 남해안 지역에서 왜국 침입 방어 목적으로 '진변만호부'라는 군사기구를 설치하다.

❹ 1236년
몽골군의 제3차 침입 때 송문주가 백성들과 죽주성(지금의 경기도 안성)에서 몽골군을 물리치다.

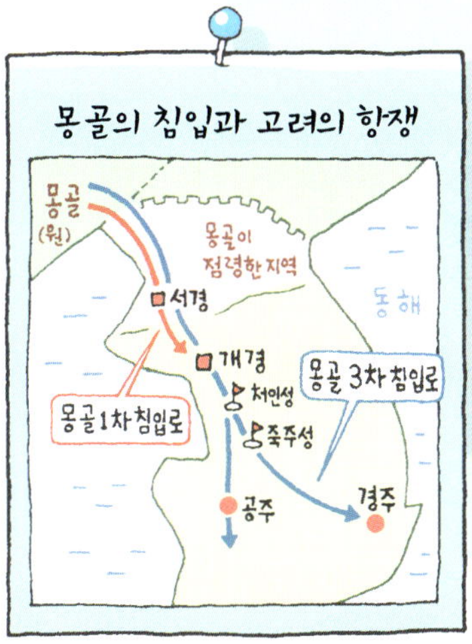

이 시대엔 이런 일들도!

1234년
금속활자로 《상정고금예문》이 간행됐다. 이것은 세계 최초의 금속활자 기록이지만 전해지지는 않는다.

1236년
몽골군이 물러가기를 바라며 대장도감을 설치하고 팔만대장경을 만들기 시작해 1251년에 완성했다.

1274년
원나라에서 쿠빌라이의 딸 제국대장 공주와 결혼한, 원종의 맏아들이었던 심이 고려에 돌아와 왕위에 올라 고려 제25대 충렬왕이 됐다. 그는 귀국할 때 몽골 풍속에 따라 변발(뒷머리만 남겨 묶은 머리)을 하고 몽골 옷을 입었다.

1285년
승려 일연이 《삼국유사》를 편찬했다.

1287년
이승휴가 《제왕운기》라는 역사책을 편찬했다.

고려 시대 5와 조선 시대 1

1301년~1400년

100년 가까이 원나라의 지배를 받아야 했던 고려는 원나라의 세력이 약해지고 명나라가 중국 대륙에서 세력을 키워 가자, 명나라를 가까이 하며 원나라의 지배에서 벗어나려고 했다. 공민왕은 원나라 세력을 몰아내고 정치를 개혁하여 고려의 부흥을 꾀했지만 그 뜻을 이루지는 못했다. 그리고 마침내 명나라를 따르는 고려의 새로운 무인 세력인 이성계가 유학을 따르는 신진 사대부와 힘을 합쳐 고려를 멸망시키고 '조선'이라는 새로운 왕조를 열었다.

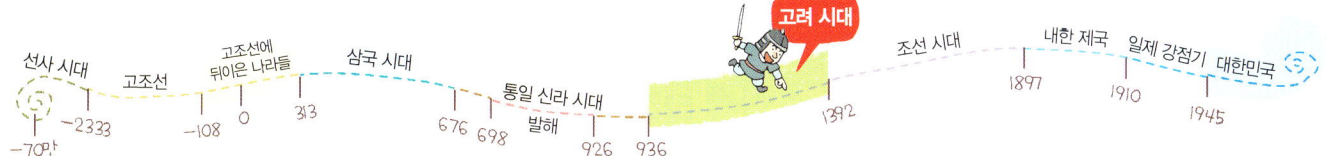

1347년 정치도감이 설치되다

고려는 충렬왕에 이어 충선왕, 충숙왕, 충혜왕, 충목왕, 충정왕 때까지 정치적으로 원나라의 간섭을 받아야 했다. 그래서 임금들의 시호에는 조(祖)나 종(宗) 대신에 왕(王)을 칭하고 충성을 뜻하는 '충(忠)' 자가 붙게 되었으며, 원나라의 공주를 왕비로 맞아들여야 했다.

고려의 충선왕은 '사림원'을, 충목왕은 '정치도감'이라는 기관을 설치하며 정치 개혁을 하고자 했으나, 몽골의 간섭과 내부의 권력 다툼 등으로 실패하고 고려 왕실의 운명은 점점 더 불안해졌다.

1352년 공민왕이 정방을 폐지하고 개혁 정치를 펼치다

1351년, 제31대 왕이 된 공민왕은 홍건적의 난과 내부 사정 등으로 원나라의 세력이 크게 약해진 것을 알고,

권력자들이 토지를 빼앗고 농민들을 노비로 삼은 것을 바로잡고자 했다.

또한 몽골 풍속을 폐지하고 원나라의 연호를 사용하지 않게 하여 고려의 자주성을 지키려 했다.

우리 역사 그림 연표 **105**

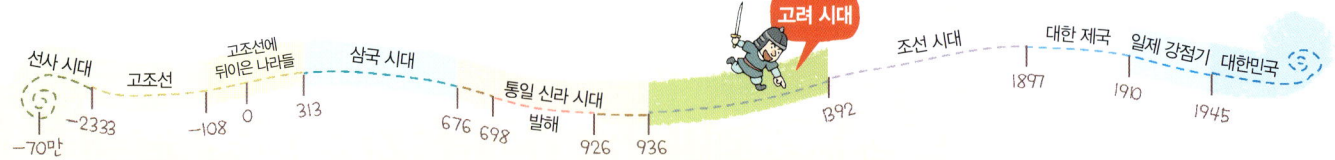

1356년 정동행성과 쌍성총관부가 폐지되다

1371년 신돈의 개혁 정치가 무너지다

1388년 이성계가 위화도에서 군사를 돌리다

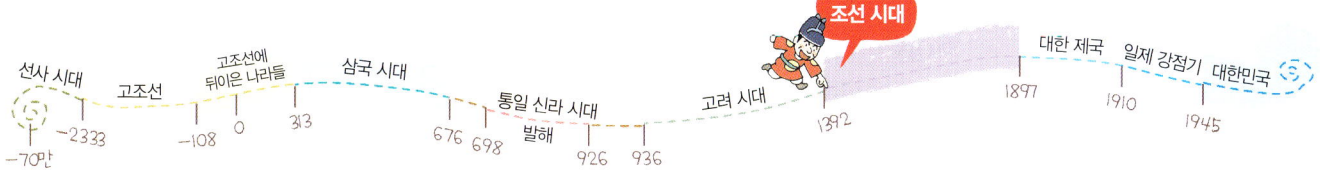

1392년 이성계가 새 왕조를 열다

최고 권력자가 된 이성계는 우왕의 아들이었던 창왕을 내쫓고, 고려 제34대 공양왕 왕요를 새 왕으로 세웠다.

이성계를 중심으로 권력을 차지한 인물들은 유학을 따르고 불교를 멀리하며 현실을 개혁해야 한다고 생각하는 신진사대부들이었다.

신진사대부 중 정몽주가 이성계의 뜻에 반대하자 이방원이 선죽교에서 정몽주를 죽이고

정도전, 남은, 조준 등 이성계 일파들은 공양왕을 폐위하고 이성계를 왕으로 추대했다. 이성계의 시호는 새 왕조를 열어서 태조!

1393년 이성계가 조선을 국호로 정하다

새 왕조를 연 이성계는 고려 왕조를 따르는 사람들의 반발을 염려해 나라의 이름을 그냥 '고려'로 하려고 했다.

그런데 명나라 황제가 이성계에게 사신을 보내 새로 세운 나라의 이름을 묻자,

이성계와 신진사대부들은 왕조가 바뀌었는데 나라 이름을 고려로 똑같이 쓴다고 할 수도 없어 '조선'과 '화령'이라는 이름을 적어 명나라에 보냈다.

그러자 명나라에서 '조선'이라는 이름이 좋을 것 같다고 하자, 이성계와 신하들은 새 나라의 이름을 '조선'으로 정했다.

우리 역사 그림 연표 **107**

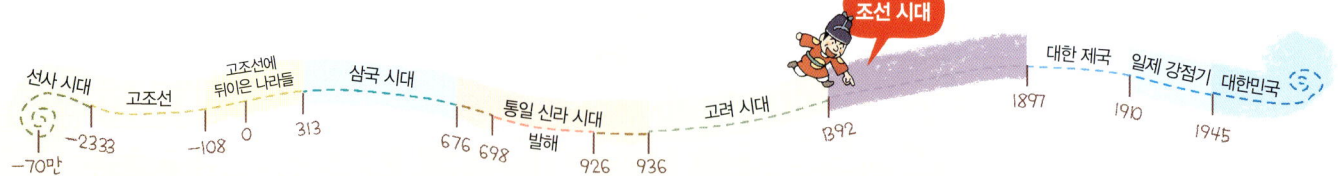

1394년 도읍을 한양으로 옮기다

1398년 제1차 왕자의 난이 일어나다

1400년 제2차 왕자의 난이 일어나다

지도로 한번더 보는 역사 — 고려 시대 5와 조선 시대 1 (1301년~1400년)

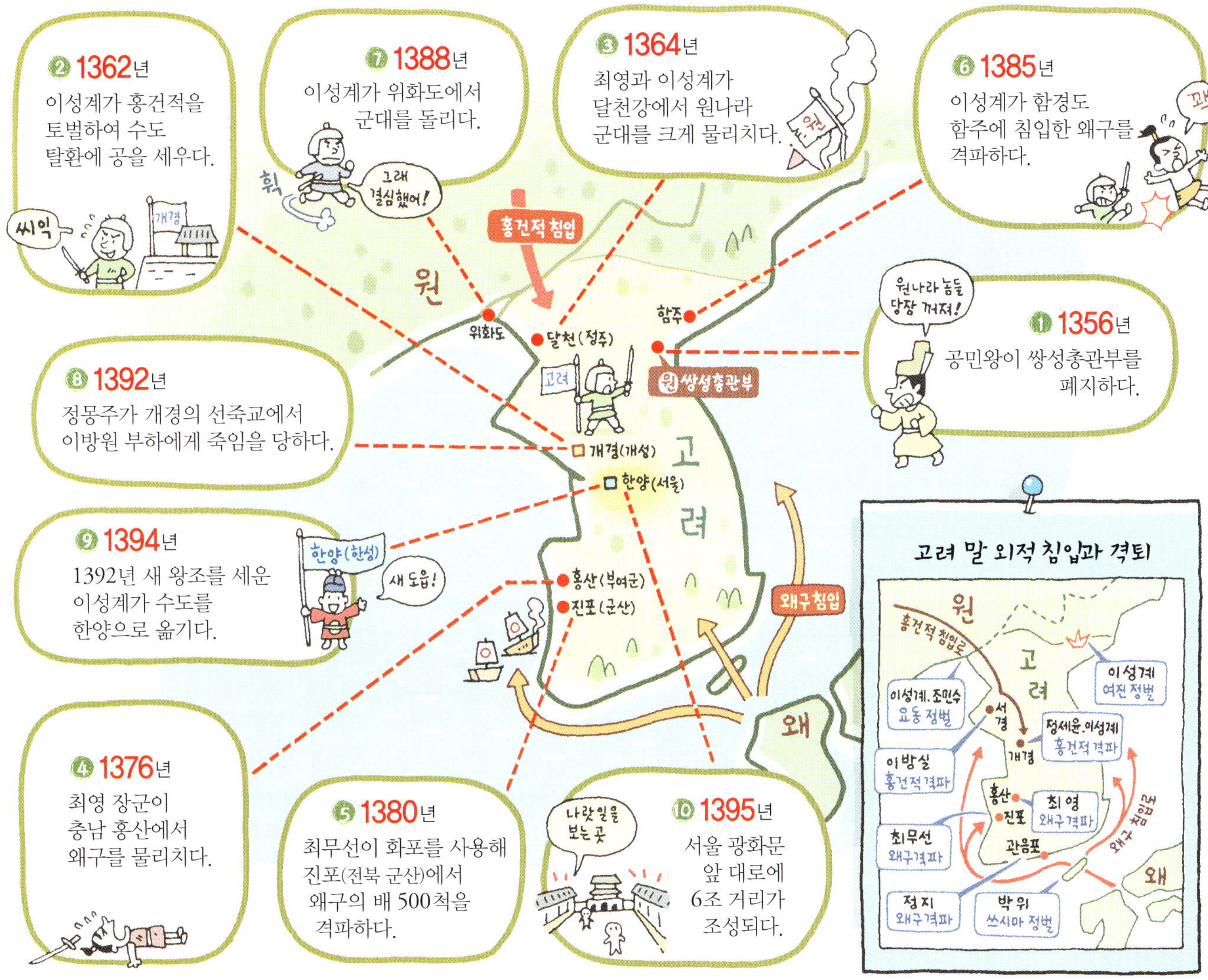

❷ 1362년 이성계가 홍건적을 토벌하여 수도 탈환에 공을 세우다.

❼ 1388년 이성계가 위화도에서 군대를 돌리다.

❸ 1364년 최영과 이성계가 달천강에서 원나라 군대를 크게 물리치다.

❻ 1385년 이성계가 함경도 함주에 침입한 왜구를 격파하다.

❶ 1356년 공민왕이 쌍성총관부를 폐지하다.

❽ 1392년 정몽주가 개경의 선죽교에서 이방원 부하에게 죽임을 당하다.

❾ 1394년 1392년 새 왕조를 세운 이성계가 수도를 한양으로 옮기다.

❹ 1376년 최영 장군이 충남 홍산에서 왜구를 물리치다.

❺ 1380년 최무선이 화포를 사용해 진포(전북 군산)에서 왜구의 배 500척을 격파하다.

❿ 1395년 서울 광화문 앞 대로에 6조 거리가 조성되다.

고려 말 외적 침입과 격퇴

이 시대엔 이런 일들도!

1359년 홍건적이 4만의 무리를 이끌고 고려를 1차로 침입해 압록강을 건너 서경까지 함락했다가 고려군의 반격으로 300여 명이 압록강을 건너 도망쳤다.

1377년 최무선의 건의로 화약과 화약 무기를 제조하는 화통도감이 설치됐다.

과전법 1391년 이성계 세력이 공양왕에게 과전법을 제정하여 선포하게 했다.(과전법은 농사를 지은 사람이 땅의 소유자인 귀족에게 수확한 곡식의 절반을 바치던 것을 10분의 1을 바치게 한 제도이다. 이 제도는 농민들의 부담을 덜어 주었을 뿐 아니라 당시 귀족들의 경제적 기반을 무너뜨리고 조선 초기 신진사대부(양반 관료)의 경제의 기반이 되었다.)

1394년 정도전이 《조선경국전》 법전을 편찬했다. 《조선경국전》은 조선 법전의 근본이 되었다.

우리 역사 그림 연표 **109**

조선 시대 2

1401년~1500년

태종 때 새로운 제도들이 실시되면서 나라의 기틀을 다졌고 태종의 뒤를 이어 왕위에 오른 세종대왕은 집현전을 설치해 한글을 창제하고 과학기술을 발전시켰다. 그리하여 세종대왕은 정치와 경제, 문화 면에서 훌륭한 업적을 쌓았으며, 조선 왕조의 기틀을 튼튼히 하고 수준 높은 민족 문화를 이룩했다. 성종 때에는 법전인 《경국대전》이 편찬되고 조선의 제도가 완성되었다.

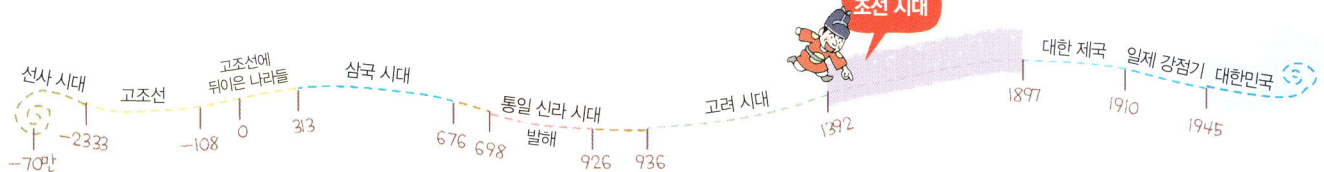

1401년 신문고를 설치하다

두 차례 왕자의 난을 거쳐 왕위에 오른 태종은 왕권을 강화하고 국가의 안정과 번영을 이루기 위해 새로운 제도를 실시했다. 그리하여 백성들이 안정된 생활을 하도록 힘썼는데, 특히 신문고라는 큰 북을 대궐 밖 문루에 달아 백성들이 북을 쳐 억울함을 직접 호소하게 했다.

1414년 6조 직계제를 완성하다

태종은 왕권을 강화하기 위해 정승들의 합의기관인 의정부를 설치해 정치와 군사를 총괄하는 최고 기관으로 삼았다.

육조의 장관들이 의정부의 정승들에게 업무를 보고하고, 정승들은 임금과 상의해 결정했다.

그리하여 행정의 실무를 맡은 6조의 장관들이 의정부를 거치지 않고 직접 임금에게 업무를 보고하게 했는데, 이를 '6조 직계제'라고 한다.

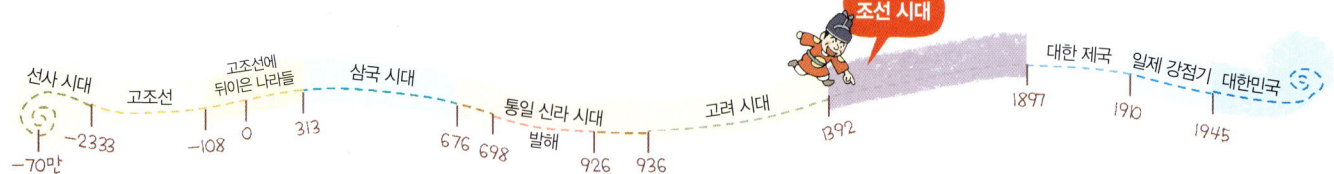

1417년 지방 제도 개편을 완성하다

1420년 집현전의 기능을 확대하다

1434년 4군 6진을 설치하다

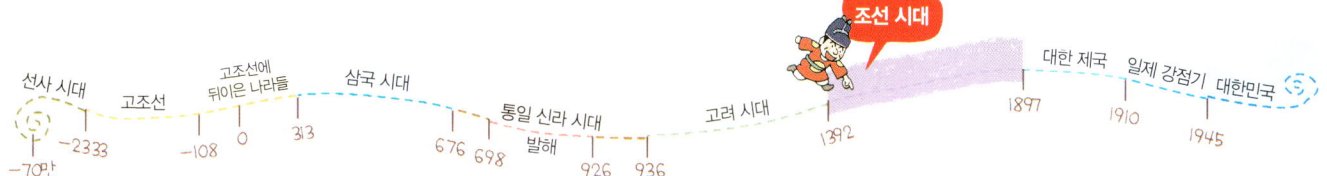

1443년 세종이 훈민정음을 창제하다

"과인이 몸소 스물여덟 자를 만들었소. 첫소리, 가운뎃소리, 끝소리로 나누어 합한 뒤에야 글자를 이루며, 글자는 비록 간단하게 요약되지만 전환하는 것이 끝이 없소. 이 문자의 이름은 '백성을 가르치는 바른 소리'란 뜻으로 '훈민정음'이라고 지었소."

1443년 12월, 세종대왕은 신하들을 불러 문자 창제에 대한 발표를 했다.
쉬지 않고 열심히 노력한 끝에 7년 만에 글자를 만든 것이다.
그 글자가 바로 훈민정음!

훈민정음은 1446년에 반포되었으며 세종의 명령에 따라 정인지, 신숙주 등이 훈민정음 사용법을 익힐 수 있는 책을 만들어 백성들에게 나누어 주었다.
세종대왕이 만든 훈민정음은 바로 우리들이 사용하는 자랑스러운 우리글 '한글'이다.

1453년 수양대군이 계유정란을 일으키다

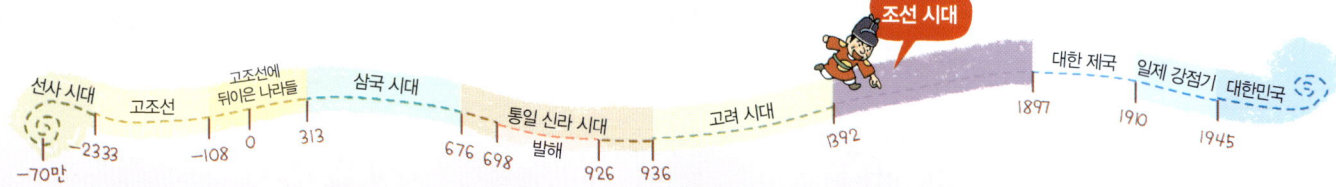

1456년 사육신이 처형되다

1484년 경국대전을 완성하다

1498년 무오사화가 일어나다

지도로 한번더 보는 역사 — 조선 시대 2 (1401년~1500년)

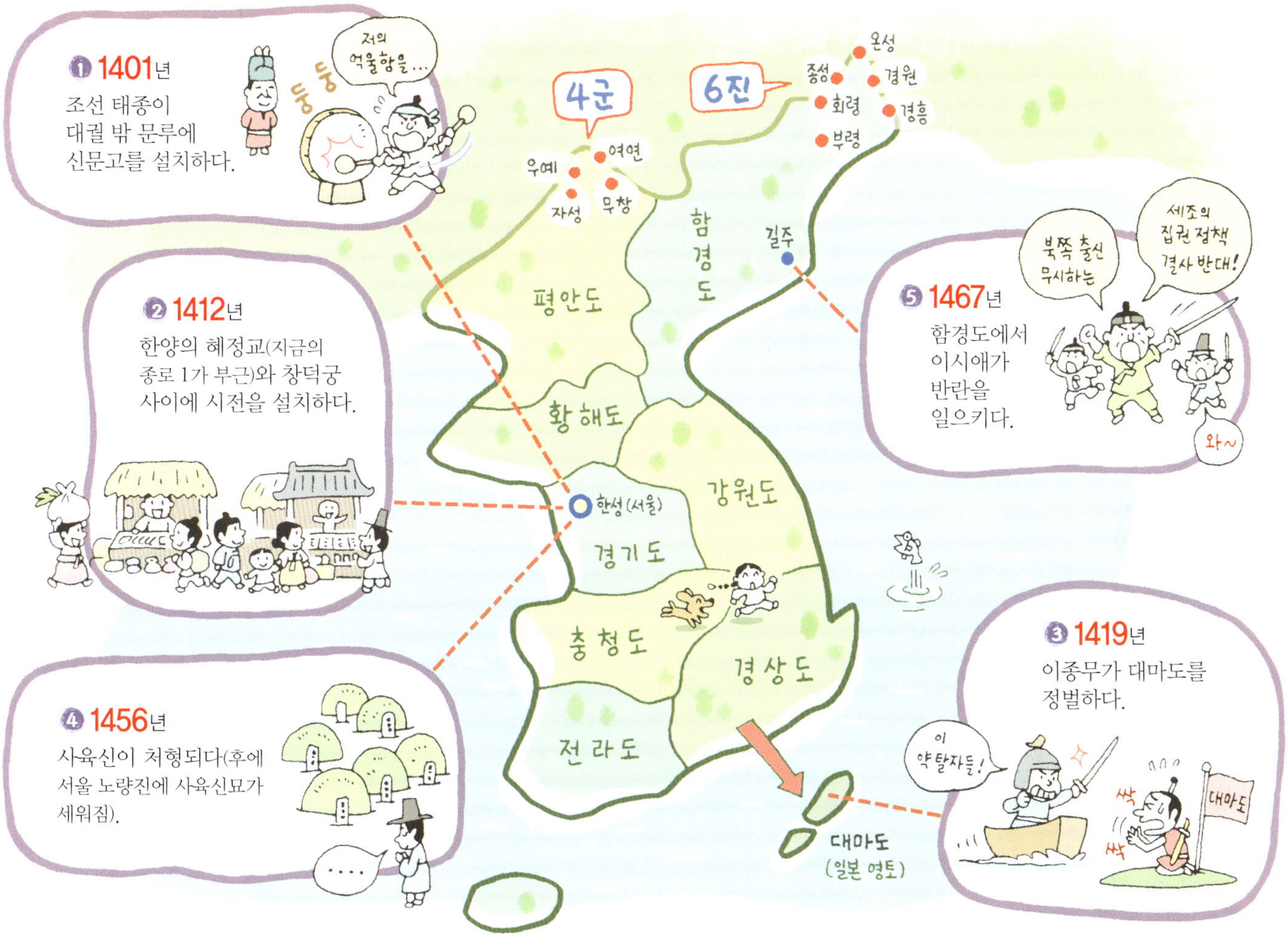

① 1401년 조선 태종이 대궐 밖 문루에 신문고를 설치하다.

② 1412년 한양의 혜정교(지금의 종로 1가 부근)와 창덕궁 사이에 시전을 설치하다.

④ 1456년 사육신이 처형되다(후에 서울 노량진에 사육신묘가 세워짐).

⑤ 1467년 함경도에서 이시애가 반란을 일으키다.

③ 1419년 이종무가 대마도를 정벌하다.

이 시대엔 이런 일들도!

1413년 호패법(호패는 지금의 주민등록증 같은 신분증으로 16세 이상의 남자가 차고 다닌 패)을 실시했다.

1433년 이천, 장영실 등이 혼천의(천체의 운행과 위치를 관측하던 장치)를 만들었다.

1441년 측우기를 발명했다. 측우기는 세종 때 만든 세계 최초의 우량계이다.

1444년 《칠정산 내외편》을 간행했다.(《칠정산 내외편》은 운동하는 천체의 위치를 계산하는 방법을 기록한 책)

1466년 세조가 토지 제도를 과전법에서 직전법으로 바꾸었다. 직전법은 현직 관료들에게만 토지를 지급하는 제도이고, 과전법은 현직 관료뿐 아니라 전직 관료들에게도 토지를 지급하는 제도이다.

1482년 성종이 연산군의 생모인 폐비 윤씨에게 사약을 내렸다.

조선 시대 3

1501년~1600년

조선의 조정은 공신들로 이루어진 훈구파와 지방에서 영향력을 행사하던 선비들이 관리로 오른 사림파로 나뉘어 서로 대립을 벌였다. 그런데 그 과정에서 사림파가 화를 입는 사건이 일어났다. 그리고 힘들게 권력을 얻은 사림파가 다시 동인과 서인으로 나뉘어 정치적인 분쟁을 벌이는 동안에, 일본의 전국 시대를 통일한 도요토미 히데요시가 대규모 군사를 보내 조선을 침략하는 임진왜란이 일어난다.

1504년 갑자사화가 일어나다

연산군은 무오사화를 치른 뒤 방탕하게 세월을 보내며 포악한 정치를 일삼았다.
그러던 중 임사홍이란 인물이 연산군에게 잘 보이기 위해 연산군의 어머니 윤씨가
폐비가 되었던 이야기를 꺼냈다.

이에 연산군은 폐비 윤씨를 궁궐에서 쫓아내는 데
관여한 성종의 후궁인 귀인 엄씨를 비롯해 많은 신하들을 죽여 버렸다.
이때 훈구파 신하들뿐 아니라 사림파의 많은 신하들이 죽임을 당했는데,
갑자년 1504년에 사림파 사람들이 화를 당한 사건이라 하여 '갑자사화'라고 부른다.

1506년 중종이 반정을 일으켜 왕위에 오르다

우리 역사 그림 연표 **117**

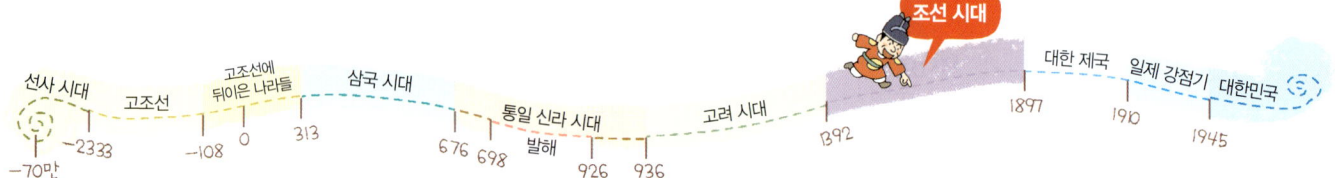

1519년 기묘사화가 일어나다

1545년 을사사화가 일어나다

1555년 을묘왜변이 일어나다

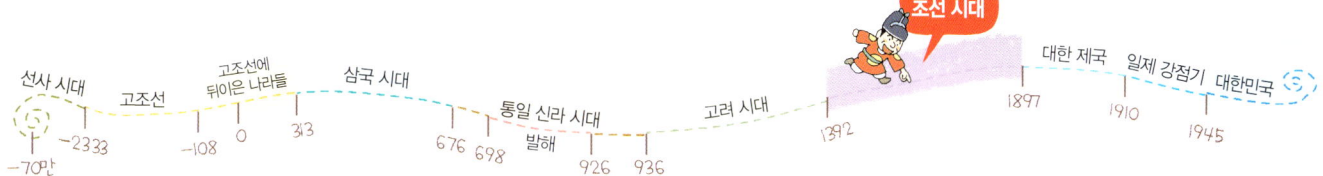

1575년 사림파가 동인과 서인으로 나뉘어 분쟁하다

1591년 조선의 통신사가 일본에 파견 갔다가 오다

1592년 임진왜란이 일어나다

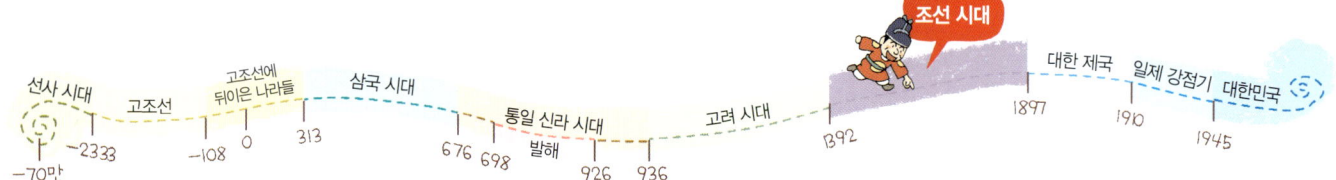

1593년 권율이 행주산성에서 일본군을 크게 무찌르다

1592년 7월, 이순신 장군이 이끄는 수군이 한산도에서 학익진 전법으로 왜군 함대를 크게 격파했다. 이것을 '한산도 싸움'이라 한다.

1592년 8월, 김시민 목사가 이끄는 3800여 명의 군사와 백성들이 진주성에서 3만여 명의 왜군과 대항해 승리를 거두었다. 이것을 '진주성 싸움'이라 한다.

1593년 2월, 권율 장군이 이끄는 2000여 명의 조선군이 10배도 넘는 3만여 명의 왜군과 싸워 승리를 거두었다. 이것을 '행주산성 싸움'이라 한다.

이 세 싸움을 모두 '임진왜란 3대첩'이라고 부른다.

행주산성 전투에서 패배한 일본군은 전력이 크게 약해져 한양에서 철수하게 된다.

1597년 정유재란이 일어나다

왜군은 점점 불리해지자 경상도 해안 지역으로 후퇴하며 명나라와 조선의 연합군에게 강화회담을 제의했다. 그러나 강화회담은 이루어지지 못했다.

그렇게 세월이 흐르다 1597년 일본군은 14만 병력을 이끌고 또다시 조선을 침략해 왔다.

이순신 장군은 명량해전에서 12척의 배로 133척의 왜군 전함을 물리쳤으며, 뒤이어 명나라와 조선 육군이 반격해 갔다.

그러던 중 1598년에 도요토미 히데요시가 죽음을 맞자 일본군이 조선 땅에서 완전히 물러나 임진왜란은 끝이 났다.

지도로 한번더 보는 역사: 조선 시대 3 (1501년~1600년)

❻ 1577년 (민중 계몽)
율곡 이이가 황해도 해주에서 향약을 실시하다.

❸ 1559년
임꺽정이 산적 무리들을 모아 황해도를 중심으로 민란을 일으키다. (부잣집을 털어 가난한 자를 돕자!)

❶ 1543년 (서원의 시초)
주세붕이 지금의 경북 영주에 백운동 서원을 세우다.

❼ 1591년
조선통신사가 일본에 파견 갔다 오다. (나는 외교 사절단~)

❺ 1575년
사림파가 도성의 동쪽 김효원의 집을 중심으로 동인, 도성의 서쪽 심의겸의 집을 중심으로 서인으로 나뉘다. 동인은 영남(경북)학파 출신, 서인은 기호(경기·충청)학파 출신.

❹ 1574년
이황이 세상을 떠난 지 4년 뒤, 제자들이 안동에 도산서원을 세우다.

❷ 1555년
왜구가 남해안을 침략해 을묘왜변을 일으키다.

❽ 1592년
일본군이 부산포에 상륙하며 임진왜란을 일으키다.

임진왜란 3대첩과 의병 활동
- 의병 활동 지역
- 왜군 침입로
- 행주대첩 (권율)
- 진주대첩 (김시민)
- 한산도 대첩 (이순신)

이순신 장군이 활약한 해전
- 명량 대첩 — 왜선 133척 격파
- 노량 해전 — 왜선 200척 격파 (이순신 전사)
- 사천 해전 — 거북선 첫 사용
- 한산도 대첩 — 왜선 79척 격파
- 부산포 해전
- 목포해전

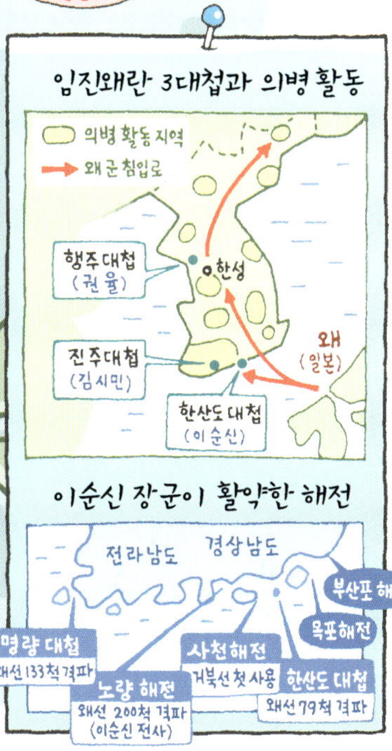

이 시대엔 이런 일들도!

1543년
주세붕이 백운동 서원을 세웠다. 백운동 서원은 우리나라 최초의 서원인데, 서원은 사설 교육기관이다.

1568년
퇴계 이황이 성리학의 개요를 그림으로 설명한 책 《성학십도》를 짓고, 선조에게 성리학을 강의했다.

1559년
백정이라는 천민 신분으로 태어난 임꺽정이 산적 무리들을 모아 황해도를 중심으로 민란을 일으켰다.

1575년
율곡 이이가 임금이 바른 정치를 펴기 바라며 《성학집요》를 지어 선조에게 올렸다.

우리 역사 그림 연표 **121**

조선시대 4

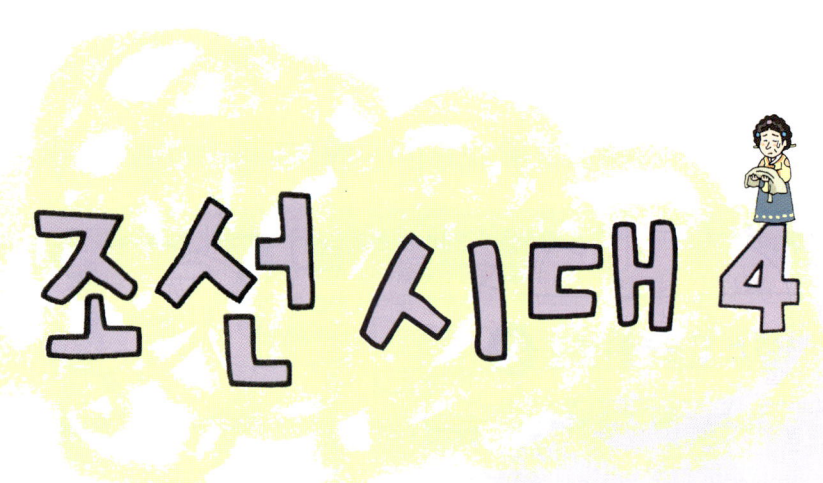

1601년~1700년

임진왜란의 상처가 채 아물기도 전에 다시 조선에서 전쟁이 일어났다. 명나라의 힘이 약해진 틈을 타 만주 지역에서 세력을 키운 여진족이 청나라를 세우고 조선을 침략해 온 것이었다. 이것이 바로 병자호란이다. 청나라를 배척하고 명나라와 가까이 지내던 조선에 복수한 것이다. 전쟁 때문에 백성들의 생활은 더욱 어려워 갔지만, 조선 조정에서는 당파 싸움이 끊이질 않았다.

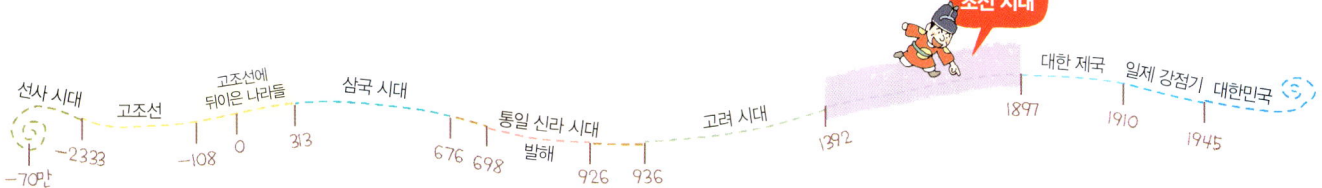

1608년 대북파의 지지로 광해군이 왕위에 오르다

광해군은 선조의 둘째 아들로 그의 어머니는 선조의 후궁이었던 공빈 김씨이다. 광해군은 임진왜란 중 세자로 책봉되어 선조와 함께 임시로 조정을 이끌며 전쟁을 수습하는 데 큰 공을 세웠다. 그러나 인목왕후가 두 번째 왕비가 되어 1606년에 왕자 영창대군을 낳자, 선조는 영창대군에게 왕위를 물려주려는 마음을 품었다.

이 때문에 당시 권력을 잡고 있던 북인 세력은 광해군이 왕위에 올라야 한다는 세력(대북파)과 영창대군을 새로운 세자로 삼아 왕위를 잇게 해야 한다는 세력(소북파)으로 갈라져 대립하게 되었다.

1608년 선조가 병을 얻어 위독하게 되자, 할 수 없이 광해군에게 왕위를 잇게 하라는 교지를 내렸다. 대북파를 중심으로 조정 대신들 대부분이 광해군을 지지하고 있었기 때문이다. 1608년 선조가 죽자 드디어 광해군이 제15대 임금이 되었다.

1614년 '칠서의 옥' 사건을 빌미로 영창대군이 희생되다

우리 역사 그림 연표 **123**

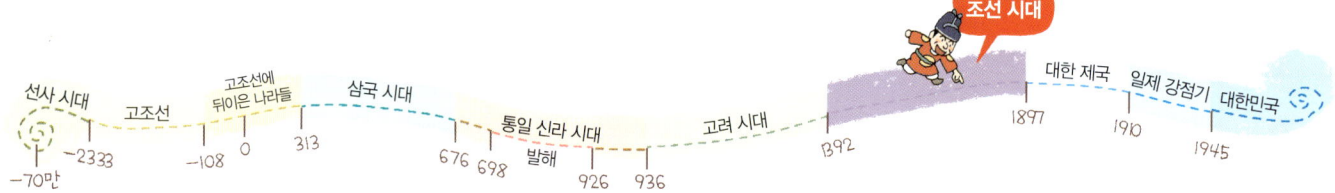

1623년 인조반정이 일어나 광해군이 왕위에서 쫓겨나다

1627년 정묘호란이 일어나다

1633년 상평통보를 처음으로 만들다

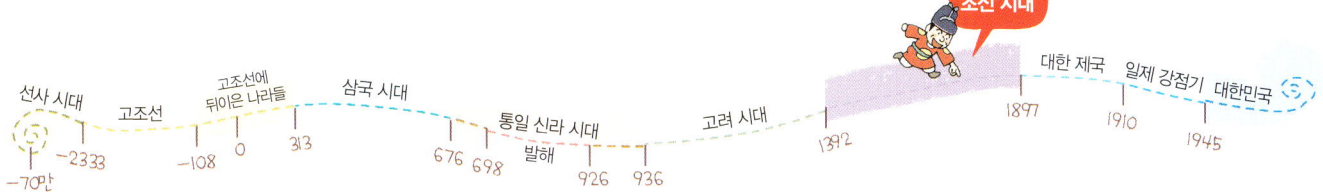

1636년 병자호란이 일어나다

1649년 효종이 북벌계획을 수립하다

1659년, 1674년 서인과 남인들 사이에 상복논쟁이 벌어지다

1680년부터 3차례에 걸쳐 환국이 일어나다

1674년 현종이 34세로 죽음을 맞자 14세의 어린 세자가 왕위를 이었다. 그가 바로 제19대 숙종이다.

숙종 때 정치 권력의 중심이 뒤바뀌는 사건이 3번이나 일어났다. 정치 세력의 판도가 바뀌는 것을 '환국'이라고 한다.

1680년에 일어난 경신환국

남인의 우두머리 허적의 서자인 허견과 인평대군의 세 아들 복선군, 복평군, 복창군이 역모를 도모했다는 죄로 처형되고 이들과 함께 허적을 따르던 남인들이 줄줄이 역적으로 몰려 죽고 말았다. 이로써 정치 권력의 중심이 남인에서 서인으로.

1689년에 일어난 기사환국

1688년에 숙종이 희빈 장씨가 낳은 아들을 원자로 삼는다고 공포하자, 노론의 우두머리인 송시열이 반대했다. 그러자 숙종은 송시열을 유배 보냈는데, 송시열이 유배를 가서도 뜻을 굽히지 않고 상소를 올렸다. 화가 난 숙종은 송시열에게 사약을 내렸고, 상소에 이름을 올린 자들을 모두 유배 보냈다. 대신 남인들을 조정에 다시 등용했다. 정치 권력의 중심이 서인에서 남인으로.

1694년에 일어난 갑술환국

서인 세력이 폐위되었던 인현왕후의 복위 운동을 펼치려 하자, 희빈 장씨와 가까운 남인 민암과 이의징이 숙종 임금에게 이들을 처벌하라고 아뢰었다. 그러자 숙종은 크게 화를 내며 도리어 민암, 이의징을 유배 보낸 뒤에 사약을 내렸다. 조정에 있던 다른 남인들도 관직에서 내쫓았다. 이 사건으로 정치 권력의 중심이 남인에서 다시 서인들에게.

1683년 서인이 노론과 소론으로 나뉘다

경신환국으로 권력을 잡은 서인들 사이에서 분쟁이 일어났다. 남인들의 처벌 문제 때문이었다.

송시열은 나이 든 신하들과 함께 김익훈과 김석주를 지지했고, 윤증은 젊은 신하들과 함께 한태동과 조지겸을 지지했다.

결국, 서인은 송시열을 비롯하여 나이 든 신하들이 모인 세력과, 윤증을 비롯하여 젊은 신하들이 모인 세력으로 나뉘게 되었다.

126

지도로 한번더 보는 역사 — 조선 시대 4 (1601년~1700년)

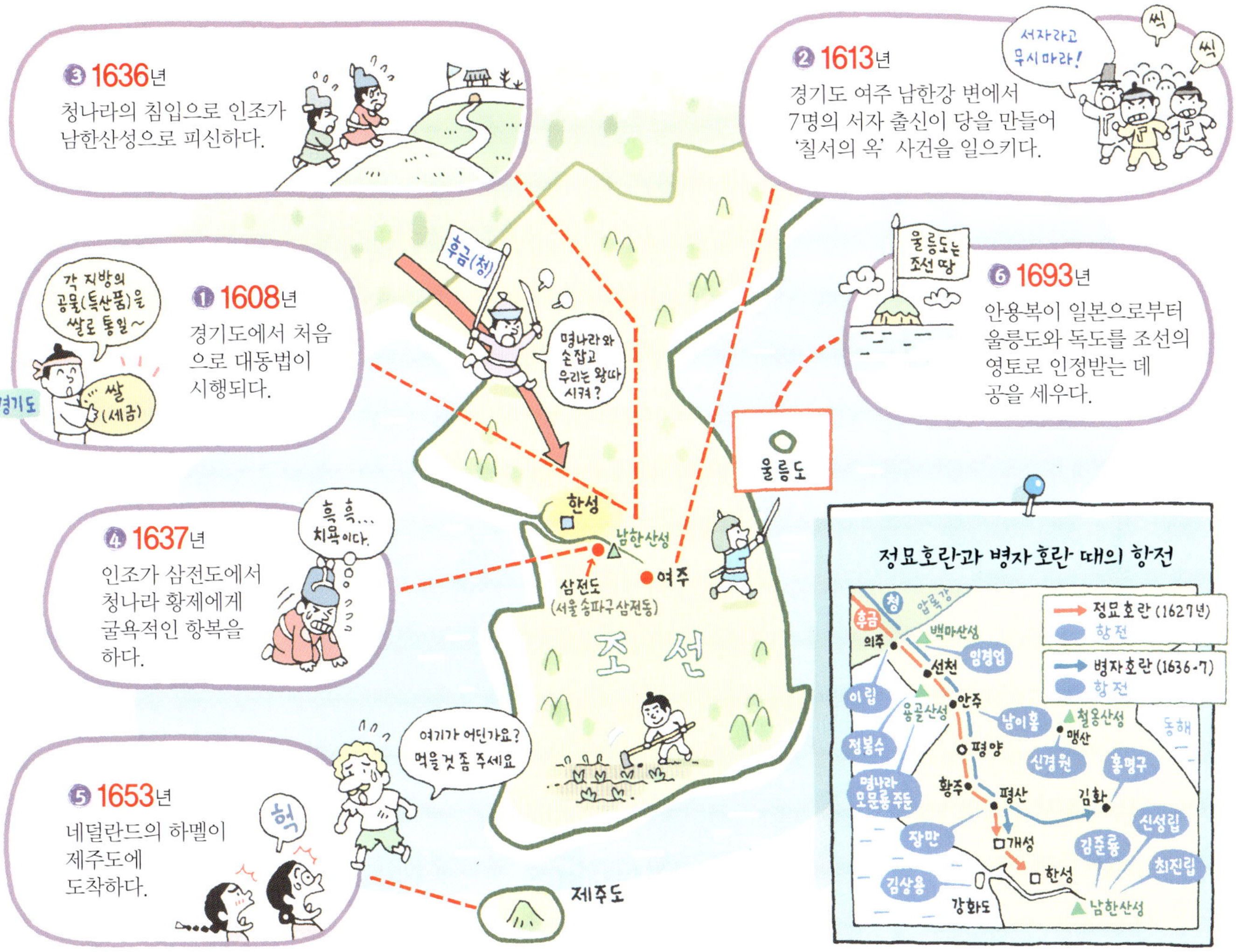

❸ 1636년
청나라의 침입으로 인조가 남한산성으로 피신하다.

❷ 1613년
경기도 여주 남한강 변에서 7명의 서자 출신이 당을 만들어 '칠서의 옥' 사건을 일으키다.

❶ 1608년
경기도에서 처음으로 대동법이 시행되다.

(각 지방의 공물(특산품)을 쌀로 통일~)

❻ 1693년
안용복이 일본으로부터 울릉도와 독도를 조선의 영토로 인정받는 데 공을 세우다.

❹ 1637년
인조가 삼전도에서 청나라 황제에게 굴욕적인 항복을 하다.

❺ 1653년
네덜란드의 하멜이 제주도에 도착하다.

정묘호란과 병자호란 때의 항전

→ 정묘호란 (1627년) 항전
→ 병자호란 (1636·7) 항전

의주, 백마산성, 임경업, 선천, 이립, 용골산성, 안주, 남이흥, 철옹산성, 정봉수, 용골산성, 평양, 신경원, 맹산, 홍명구, 명나라 모문룡 주둔, 황주, 평산, 김화, 김준룡, 장만, 개성, 신성립, 김상용, 강화도, 한성, 최진립, 남한산성

이 시대엔 이런 일들도!

1607년
허균이 《홍길동전》을 지었다. 《홍길동전》은 최초의 한글소설이다.

1610년
허준이 의학서적 《동의보감》을 편찬했다.

1614년
이수광이 《지봉유설》이라는 백과사전식 책을 엮었다.

1645년
청나라에 인질로 갔다가 귀국한 소현세자가 의문의 죽임을 당하다.

1653년
네덜란드의 하멜이 바다를 표류하다 제주도에 도착했다. 1666년에 하멜은 조선에서 탈출해 일본을 거쳐 네덜란드로 돌아갔고, 그 뒤에 조선에서 살았던 13년간의 생활과 조선의 지리, 풍속, 역사 등을 기록한 《하멜 표류기》를 썼다.

1678년
상평통보를 다시 주조해서 전국적으로 유통되었다.

조선 시대 5

1701년~1800년

조선에서는 관리들이 파벌을 이루어 권력을 다투는 붕당 정치가 점점 심해졌다. 그래서 영조와 정조 때에 당파와 상관없이 인재를 등용하는 탕평책을 써서 당파 싸움을 막고 왕권을 강화하려고 했다. 백성들의 어려운 살림과 고통을 덜어 주기 위해 대동법과 균역법이라는 조세 제도가 실시되었으며, 백성들의 생활에 도움을 주는 실학이 발달하고 서양 문물과 사상이 전해졌다. 상업도 발달해 살림이 넉넉한 상인이나 평민(서민)이 생겨났고 서민 문화가 발달하기도 했다.

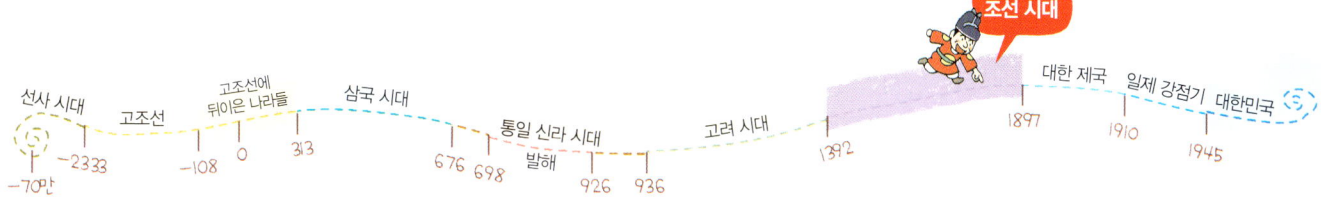

1708년 대동법이 전국으로 확대되다

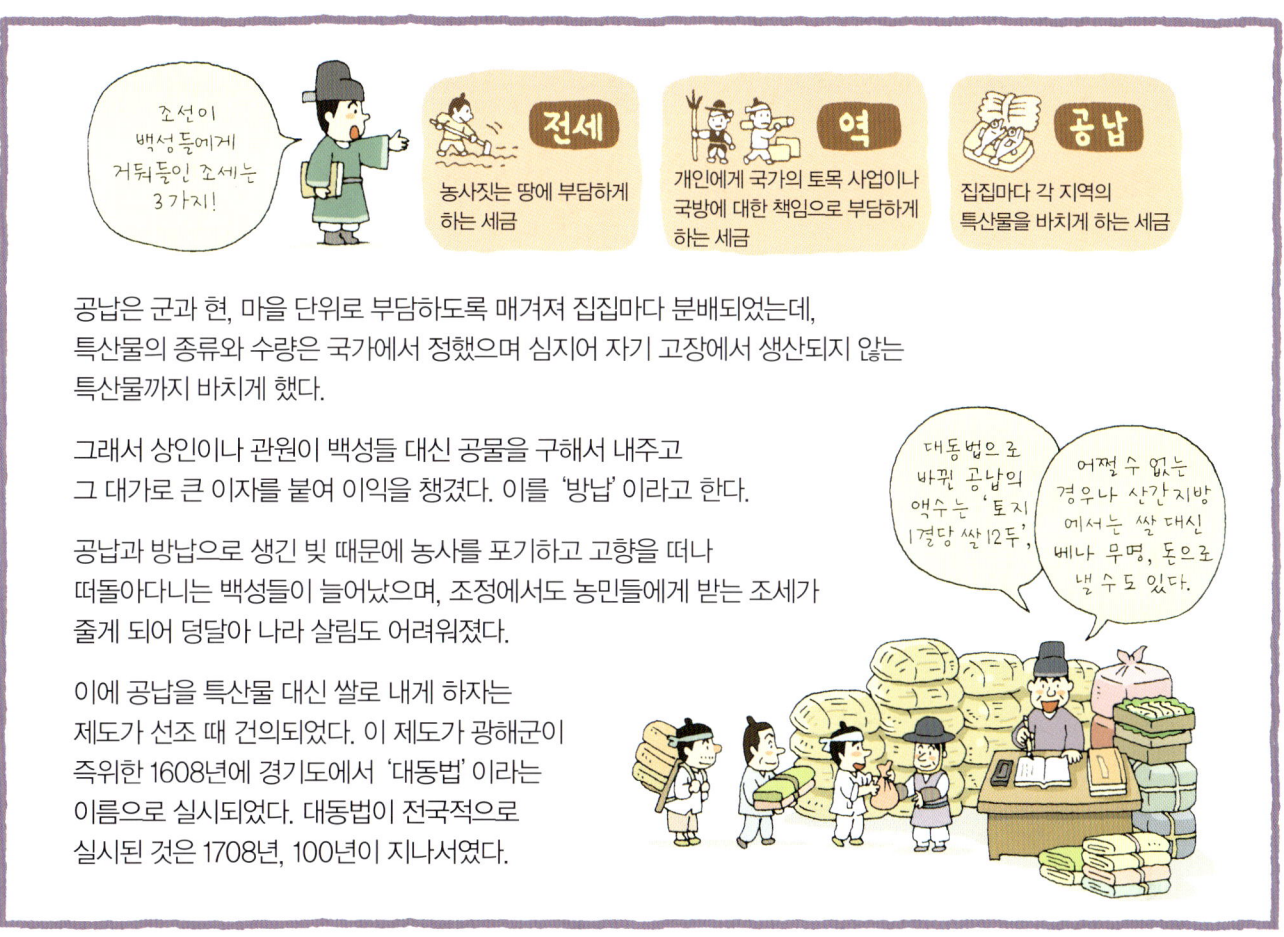

공납은 군과 현, 마을 단위로 부담하도록 매겨져 집집마다 분배되었는데, 특산물의 종류와 수량은 국가에서 정했으며 심지어 자기 고장에서 생산되지 않는 특산물까지 바치게 했다.

그래서 상인이나 관원이 백성들 대신 공물을 구해서 내주고 그 대가로 큰 이자를 붙여 이익을 챙겼다. 이를 '방납'이라고 한다.

공납과 방납으로 생긴 빚 때문에 농사를 포기하고 고향을 떠나 떠돌아다니는 백성들이 늘어났으며, 조정에서도 농민들에게 받는 조세가 줄게 되어 덩달아 나라 살림도 어려워졌다.

이에 공납을 특산물 대신 쌀로 내게 하자는 제도가 선조 때 건의되었다. 이 제도가 광해군이 즉위한 1608년에 경기도에서 '대동법'이라는 이름으로 실시되었다. 대동법이 전국적으로 실시된 것은 1708년, 100년이 지나서였다.

1722년 신임사화로 소론이 권력을 잡다

우리 역사 그림 연표 **129**

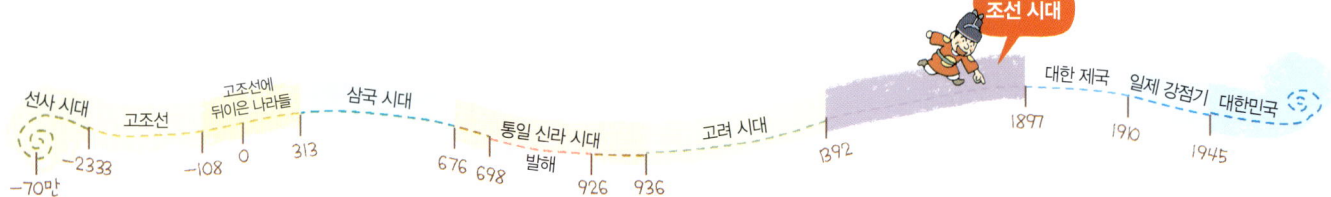

1725년 영조가 을사처분으로 노론을 조정에 불러들이다

1727년 영조가 정미환국으로 다시 소론을 조정에 불러들이다

1742년 영조가 탕평비를 세우다

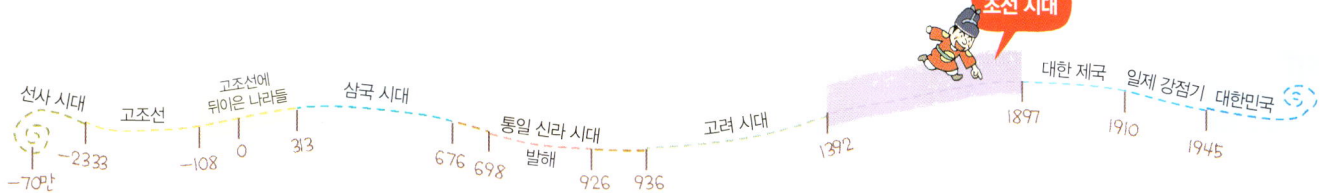

1750년 균역법을 실시하다

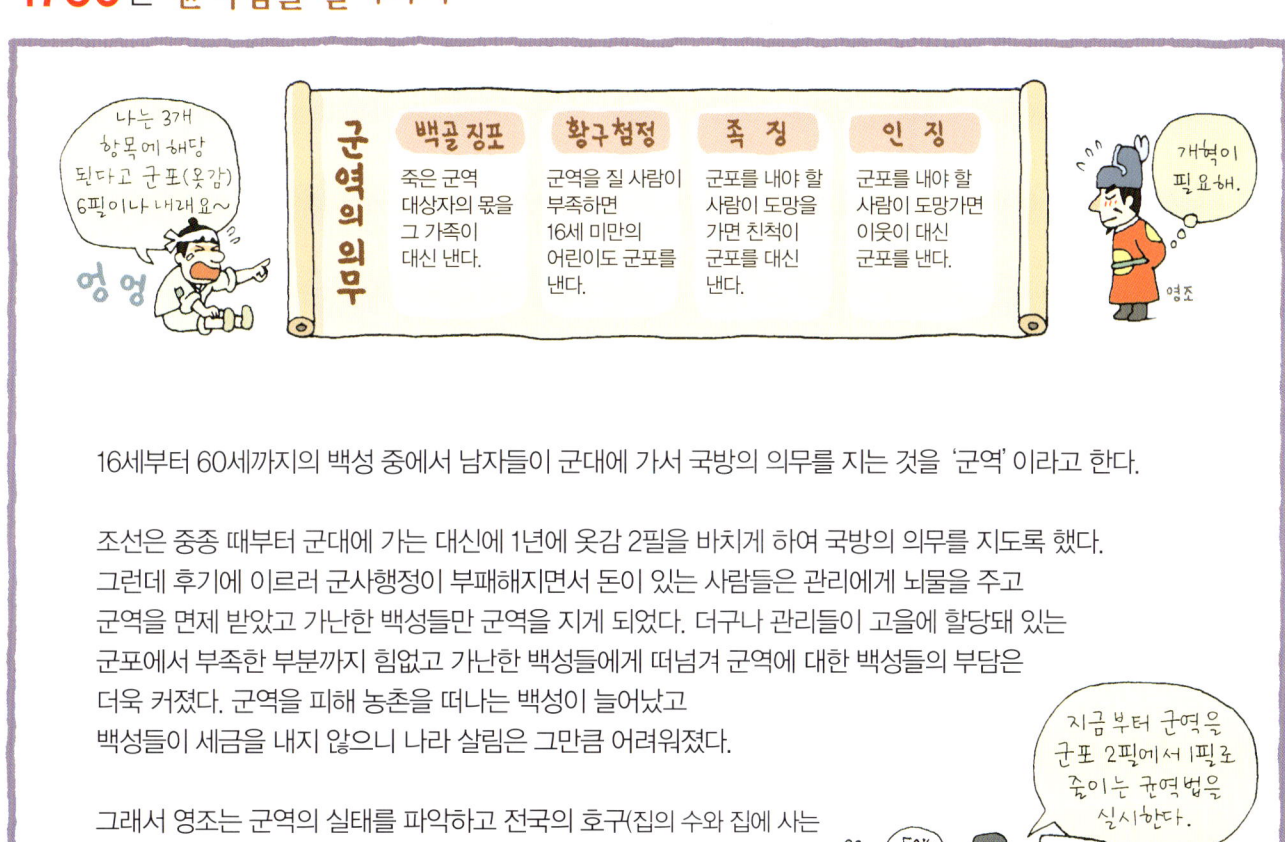

16세부터 60세까지의 백성 중에서 남자들이 군대에 가서 국방의 의무를 지는 것을 '군역'이라고 한다.

조선은 중종 때부터 군대에 가는 대신에 1년에 옷감 2필을 바치게 하여 국방의 의무를 지도록 했다. 그런데 후기에 이르러 군사행정이 부패해지면서 돈이 있는 사람들은 관리에게 뇌물을 주고 군역을 면제 받았고 가난한 백성들만 군역을 지게 되었다. 더구나 관리들이 고을에 할당돼 있는 군포에서 부족한 부분까지 힘없고 가난한 백성들에게 떠넘겨 군역에 대한 백성들의 부담은 더욱 커졌다. 군역을 피해 농촌을 떠나는 백성이 늘어났고 백성들이 세금을 내지 않으니 나라 살림은 그만큼 어려워졌다.

그래서 영조는 군역의 실태를 파악하고 전국의 호구(집의 수와 집에 사는 식구의 수) 조사를 하는 관청을 따로 두어 군역에 대한 정확한 상황을 파악하게 했으며, 여러 신하들의 반대를 무릅쓰고 균역청을 설치해 균역법을 시행했다.

1762년 사도세자가 뒤주에서 죽음을 맞다

1749년, 영조는 건강이 나빠져 세자 선에게 왕의 업무를 보게 하는 대리청정을 시켰다. 세자는 노론들보다는 소론과 남인, 북인들과 가까이 지냈다.

그러던 중 1757년 영조의 첫 번째 왕비인 정성왕후 서씨가 죽자, 노론 측 김한구의 딸이 두 번째 왕비가 되었다. 그녀가 바로 정순왕후 김씨.

정순왕후 김씨와 노론 세력은 노론의 윤재겸, 나경언 등에게 세자의 잘못을 적은 상소를 올리게 했다. 영조는 불같이 화를 내며 세자를 뒤주에 가두어 버렸다.

결국 세자 선은 뒤주에 갇혀 죽고 말았다. 영조는 아들을 죽음에 이르게 한 행동을 뉘우치며 세자에게 '아들을 애타게 생각한다'는 뜻의 '사도'라는 시호를 내렸다.

우리 역사 그림 연표 **131**

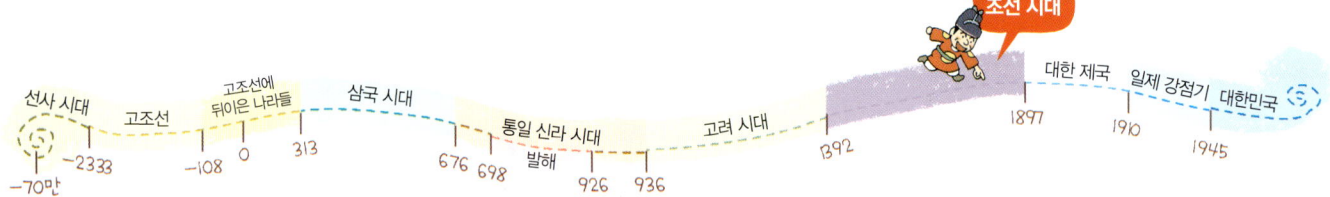

1776년 정조가 규장각을 설치하다

1780년 홍국영의 세도정치가 막을 내리다

1791년 시전 상인들의 금난전권이 폐지되다

지도로 한번더 보는 역사 — 조선 시대 5 (1701년~1800년)

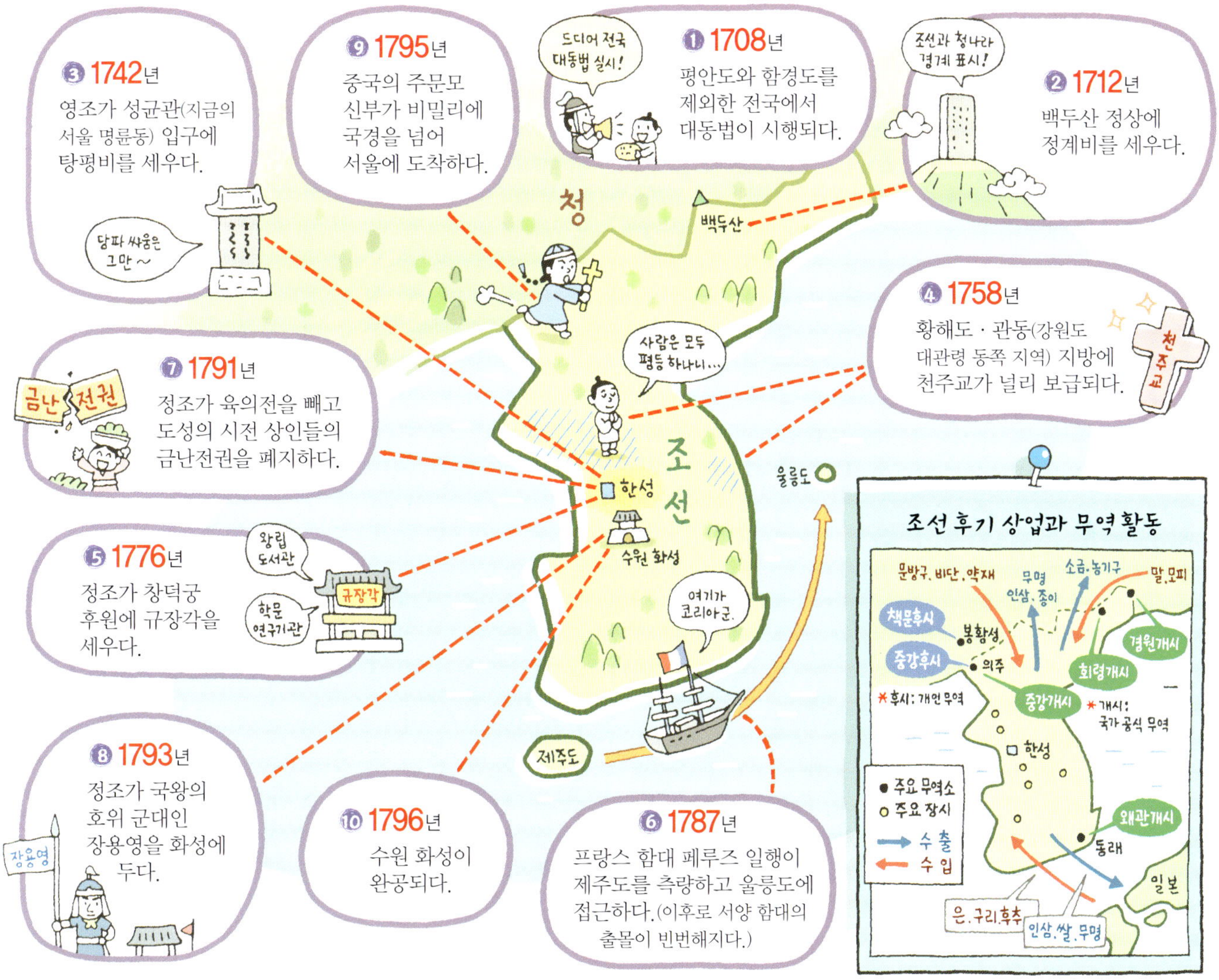

❸ **1742년** 영조가 성균관(지금의 서울 명륜동) 입구에 탕평비를 세우다.

❾ **1795년** 중국의 주문모 신부가 비밀리에 국경을 넘어 서울에 도착하다.

❶ **1708년** 평안도와 함경도를 제외한 전국에서 대동법이 시행되다. (드디어 전국 대동법 실시!)

❷ **1712년** 백두산 정상에 정계비를 세우다. (조선과 청나라 경계 표시!)

❼ **1791년** 정조가 육의전을 빼고 도성의 시전 상인들의 금난전권을 폐지하다.

❹ **1758년** 황해도·관동(강원도 대관령 동쪽 지역) 지방에 천주교가 널리 보급되다.

❺ **1776년** 정조가 창덕궁 후원에 규장각을 세우다. (왕립 도서관 / 학문 연구기관)

❽ **1793년** 정조가 국왕의 호위 군대인 장용영을 화성에 두다.

❿ **1796년** 수원 화성이 완공되다.

❻ **1787년** 프랑스 함대 페루즈 일행이 제주도를 측량하고 울릉도에 접근하다. (이후로 서양 함대의 출몰이 빈번해지다.)

조선 후기 상업과 무역 활동

(책문후시, 중강후시, 봉황성, 의주, 중강개시, 경원개시, 회령개시, 한성, 왜관개시, 동래, 일본)
* 후시: 개인 무역 / * 개시: 국가 공식 무역
주요 무역소 / 주요 장시 / 수출 / 수입
문방구·비단·약재 / 무명·인삼·종이 / 소금·농기구 / 말·모피
은·구리·후추 / 인삼·쌀·무명

이 시대엔 이런 일들도!

1712년 북한산성을 대대적으로 다시 쌓아 한양에 대한 수비를 강화했고, 백두산 정상에 정계비를 세워 국경선을 확정했다.

1760년 역대 임금의 말과 행동을 적은 《일성록》을 기록하기 시작했다.

1784년 이승훈이 연경에서 서양인 신부로부터 영세를 받았다.

1792년 정약용이 기중기를 발명해 수원 화성 공사에 사용했다.

1795년 청나라 신부 주문모가 조선에 몰래 들어왔다.

조선 시대 6

1801년~1900년

왕실의 외척들이 권력을 휘두르는 세도정치가 펼쳐지며 왕권이 약해졌고 관리들의 부정과 부패가 끊이질 않았다. 곳곳에서 백성들이 반란을 일으켰으며 서양 세력이 개방을 요구하며 여러 사건을 일으키기도 했다. 권력을 잡은 흥선대원군은 외국의 통상과 교류를 금지하는 쇄국정책을 펼치며 왕권과 나라의 힘을 자주적으로 키우려 했지만, 명성황후를 비롯해 개화와 근대화를 요구하는 세력과 대립했다. 이때에 청나라·일본·러시아 등 주변 열강들에게 정치적인 간섭을 받게 되었다.

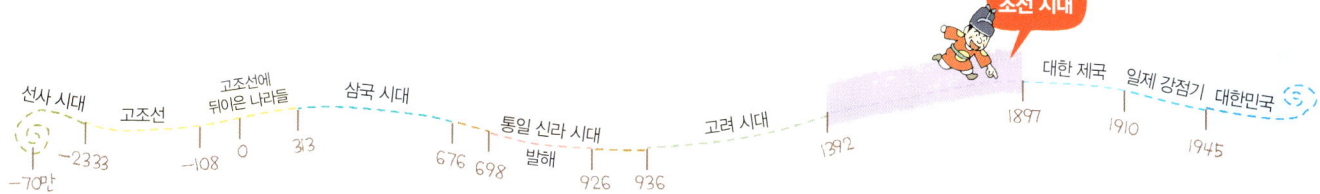

1800년 안동 김씨가 세도정치를 펼치다

1811년 홍경래의 난이 일어나다

평안도 출신의 홍경래가 세상을 바꿀 결심을 하고
서북 지역의 차별과 안동 김씨의 세도정치에 불만을 품은 인물들(양반 출신의 관리, 서자 출신의
지식인, 부자 농민, 상인, 장사, 무인 등)을 자기편으로 끌어들여 세력을 키운 뒤 반란을 일으켰다.

서북 지역의 많은 백성들도 반란 세력에 힘을 합쳤다. 이들은 10일 만에 평안도의
여러 지역을 점령하며 평안도의 군사·행정의 중심지인 안주를 위협했으나,
관군의 대대적인 공격을 받아 정주성에 포위된 채 4개월 동안 버티다가 진압되고 말았다.

이때부터 백성들의 삶은 외면한 채 부정과 부패를 일삼는 안동 김씨의 세도정치에 반대하는
백성들의 크고 작은 봉기가 끊이질 않았다.

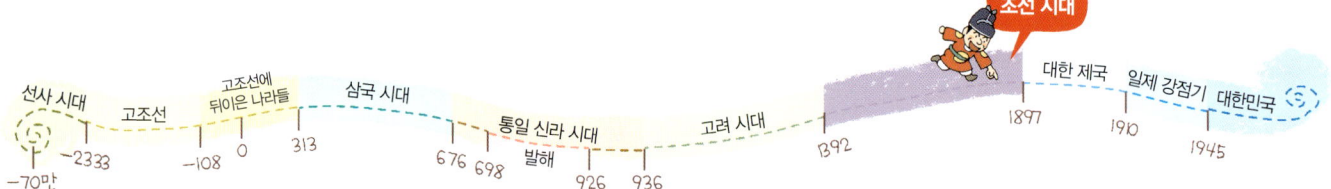

1827년 풍양 조씨가 세도정치를 펼치다

1862년 철종이 삼정을 바로잡기 위해 삼정이정청을 설치하다

1863년 흥선대원군이 정권을 장악하다

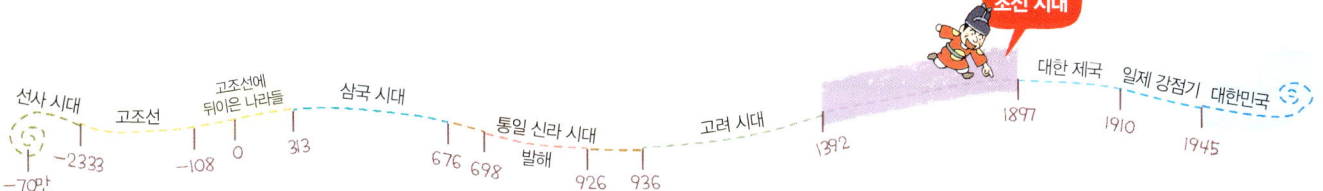

1866년 병인박해로 병인양요가 일어나다

1871년 제너럴셔먼호 사건으로 신미양요가 일어나다

1873년 흥선대원군이 물러나고 민씨 일파가 권력을 휘두르다

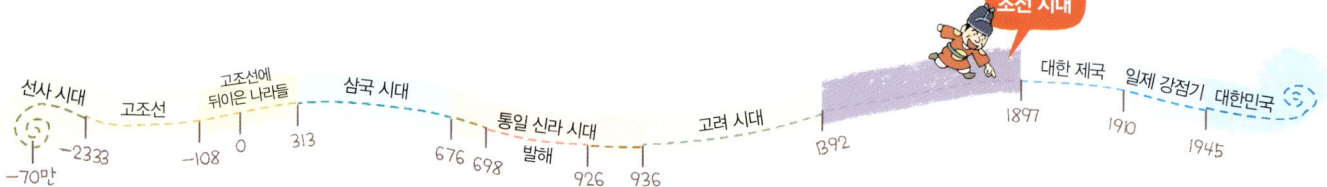

1876년 운요호 사건으로 일본과 병자수호조약을 맺다

1882년 구식 군대가 반란을 일으켜 임오군란이 일어나다

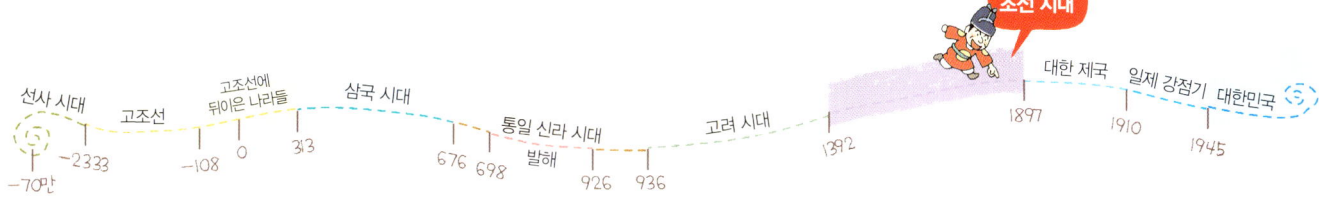

1884년 갑신정변이 일어나다

김옥균, 박영효, 서광범, 박영교, 서재필 등 급진 개화파들이 1884년 12월 4일 오후 6시쯤, 우정국 축하 행사 때 민씨 정권을 무너뜨리려고 정변을 일으켰다.

왕과 왕비를 창덕궁에서 경우궁으로 옮겨 일본군 200명과 50여 명의 군인이 호위하게 하고 정권을 장악한 뒤에 새 정부를 구성하고 14개 조로 된 개혁안을 발표했다.

그렇지만 이들이 세운 정부의 수명은 고작 3일. 위안스카이가 이끄는 청나라 군대의 공격을 받고는 무너지고 말았다.

정변을 일으킨 김옥균, 박영효, 서광범, 서재필 등은 일본으로 망명했고 홍영식과 박영교는 죽임을 당했다.

1894년 동학농민운동이 일어나다

전라 고부군 군수로 부임한 조병갑이 부정한 방법으로 세금을 거두자 참다 못한 전봉준이 동학을 따르는 이들과 함께 농민군을 결성해 고부 관아로 몰려갔다.

정부는 조병갑을 파면하고 농민군을 해산했으나 임시로 고부에 파견된 이용태가 더 동학교도들을 탄압했다. 전봉준은 다시 농민운동을 일으켰다.

농민군은 전라도 일대를 휩쓸면서 관아를 습격해 무기와 탄약을 빼앗고 창고를 열어 백성들에게 곡식을 나누어 주었으며, 탐관오리들을 처벌했다.

조선이 동학 농민군을 막기 위해 청나라 군대를 불러들이자 일본군도 조선에 진출했다. 전봉준은 관군과 협상을 맺어 정치 개혁을 약속 받고 자진 해산했다.

그렇지만 일본 군대는 돌아가지 않고 오히려 청나라와 전쟁을 벌이고, 경복궁을 점령했으며 조선의 내정에 간섭했다.

일본군을 몰아내기 위해 농민군이 다시 모여 일본군과 조선 정부군을 공격했으나, 공주 우금치 전투에서 크게 패하고, 전봉준은 처형되었다.

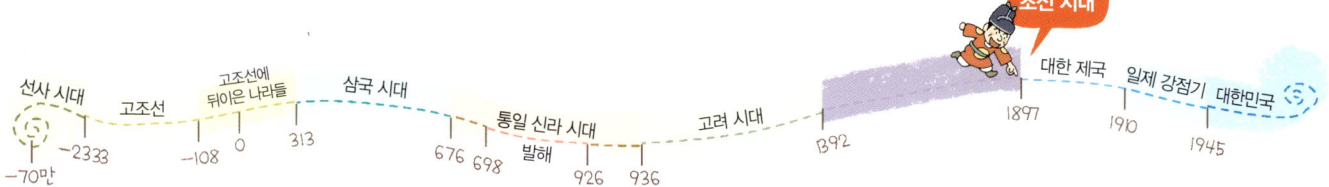

1895년 명성황후가 시해된 을미사변이 일어나다

1896년 고종이 러시아 공사관으로 거처를 옮기다

1897년 고종이 대한제국을 선포하다

지도로 한번더 보는 역사 — 조선 시대 6 (1801년~1900년)

❸ 1865년 대원군이 경복궁을 다시 짓기 시작하다.

❺ 1866년 미국의 상선 제너럴셔먼호가 대동강에서 평양 군민의 공격을 받아 격침되다.

❶ 1811년 홍경래가 평안도를 중심으로 반란을 일으키다.

⓫ 1889년 원산항을 통하여 해외로 빠져나가는 곡물의 수출을 금지하는 방곡령을 발포하다.

❹ 1866년 [병인양요] 병인양요가 일어나 강화도가 프랑스 함대의 공격을 받다.

❾ 1884년 급진개화파가 궁궐을 장악하며 갑신정변을 일으키다.

❻ 1871년 [신미양요] 제너럴셔먼호 사건을 빌미로 미국이 신미양요를 일으켜 강화도를 공격하다.

❽ 1882년 임오군란이 일어나다.

❼ 1876년 운요호 사건을 빌미로 일본이 강화도에서 조선 정부와 강화도 조약을 맺다.

⓭ 1895년 명성황후가 경복궁 건천궁에서 일본 자객에게 시해되는 을미사변이 일어나다.

⓬ 1894년 전라북도 지역에서 동학농민운동이 일어나다.

❿ 1885년 영국 함대가 남해의 거문도를 점령하다.

❷ 1862년 삼정의 문란으로, 농민들이 진주를 중심으로 삼남 지방에서 봉기를 일으키다.

⓮ 1896년 고종이 러시아 공사관으로 거처를 옮기는 아관파천이 일어나다.

이 시대엔 이런 일들도!

1801년 정순왕후와 노론 세력이 천주교를 믿거나 그와 관련이 있는 사람들을 박해했다. 이를 '신유박해'라고 한다.

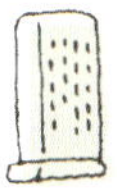

1817년 김정희가 북한산 진흥왕순수비에서 68자를 해독했다.

1881년 신사유람단을 일본에 파견해 일본의 문물을 견학하고 오게 했다.

1883년 태극기를 국기로 정했다.

1894년 청나라와 일본이 조선에서 전쟁을 벌였다. 김홍집을 중심으로 하는 친일 정부가 갑오개혁을 실시해 문물 제도를 근대식으로 바꿨다.

1896년 독립협회가 결성되고 독립문을 세웠다.

대한 제국 일제 강점기 대한민국

1901년~2000년

조선은 대한 제국을 선포하며 주변 열강들의 간섭과 침략을 막고 독립 국가로서 모습을 갖추려 했지만, 일본에게 주권을 빼앗기고 말았다. 독립을 위한 항일 투쟁이 계속되었고 나중에는 일본의 패망으로 해방을 맞았다. 하지만 남과 북이 이념으로 갈리어 유엔의 승인 아래 남한에만 대한민국 정부가 세워졌으며 북한에는 김일성 정권이 들어섰고, 공산주의를 따르는 북한의 김일성 정권은 38도선을 넘어 남한을 침공해 한국전쟁이 일어났다. 전쟁이 끝난 뒤 대한민국은 눈부신 경제 성장을 이룩했으며 수차례에 걸친 민주화 운동으로 국민들이 대통령을 직접 선출하는 등 민주주의 국가로서 위상을 높였다. 또 세계화의 물결 속에 경제적인 어려움을 극복하고 선진국으로 발돋움하게 되었다.

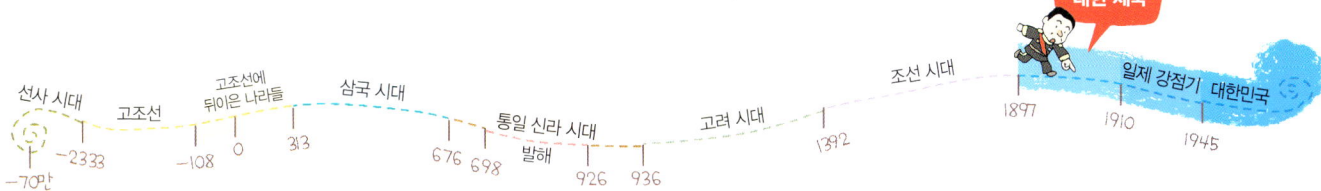

1905년 을사조약을 체결하다

1907년 헤이그에 특사를 파견하고 국채보상운동을 벌이다

1910년 한일병합조약으로 국권을 일제에 빼앗기다

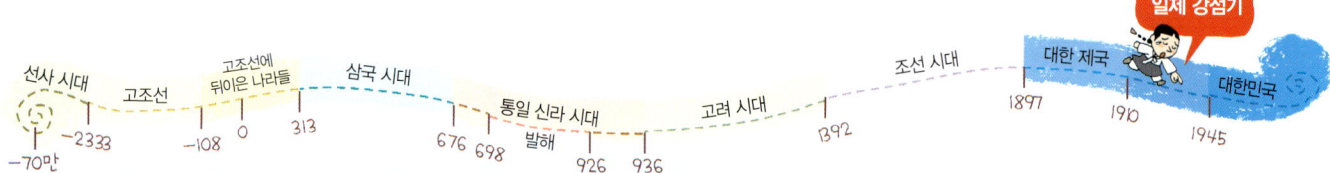

1919년 3·1 운동이 일어나고 임시 정부가 세워지다

일본에게 강제로 주권을 빼앗긴 국민들은 나라를 되찾기 위해 나라 안팎에서 투쟁을 벌였다.

일제는 헌병 경찰을 앞세워 폭력과 탄압으로 우리나라를 지배하려고 했다. 그러던 중에 제1차 세계대전이 독일의 패전으로 끝나자, 1918년 미국의 윌슨 대통령은 '각 민족의 운명은 그 민족 스스로 결정한다'는 민족자결주의원칙을 전쟁 후 처리 원칙으로 발표했다.

그러자 항일운동을 해 오던 독립 운동가들과 국민들은 큰 용기를 얻었고, 1919년 2월 8일에 일본에 있던 조선 유학생들은 도쿄에 모여 한국의 독립을 요구하는 독립 선언서를 선포했다.

나아가 1919년 3월 1일, 민족지도자 33인은 서울 태화관에 모여 독립선언서를 낭독했고, 탑골 공원에서는 학생들을 중심으로 독립을 외치는 만세운동이 벌어졌다. 서울 시민과 고종 황제의 장례식에 참석한 사람들도 만세운동에 참여했다.

이 운동은 곧 주요 도시와 전국 방방곡곡으로 퍼져 나갔다. 이것이 3·1 운동이다.

한편 1919년 4월 13일, 독립운동가들이 일본 통치에 조직적으로 맞서 광복을 이루기 위해 중국 상하이에 대한민국 임시정부를 세웠다.

1920년 청산리와 봉오동에서 독립군이 일본군과 전투를 벌이다

144

1923년 물산장려운동을 벌이다

1926년 6·10 만세운동이 일어나다

1929년 광주학생 항일운동이 일어나다

1941년 일제가 한반도를 군수물자 공급기지로 삼다

일본은 1937년 중일 전쟁, 1941년 태평양 전쟁을 거치며 한국의 인력과 물자를 강제로 동원했다.

한국에 일본의 천황을 신격화하여 신사참배를 강요했으며, 학교의 명칭, 교육내용 등을 일본 학교와 같게 했다.

또한 조선어 사용을 금지했으며, 육군지원병 제도를 실시해 한국 청년을 전쟁터로 보냈다.

한국인의 성명까지도 일본식으로 고치도록 강요했으며, 많은 한국인들을 탄광 등으로 끌고 갔다.

1945년 일제의 패망으로 광복을 맞이하다

독일, 이탈리아와 동맹을 맺고 제2차 세계대전을 일으킨 일본은 1941년 12월 7일 선전포고도 없이 미국 태평양 함대의 해군 기지가 있는 진주만을 기습 공격했다.

이에 미국은 제2차 세계대전에 참전하게 되었고, 1942년 도쿄 공습에 이어 1945년 8월 6일과 9일, 일본의 나가사키와 히로시마에 원자폭탄을 떨어뜨렸다. 한편, 8월 8일에는 연합군으로 참전한 소련이 일본에 선전포고를 했다.

일본은 8월 15일 연합군에게 무조건 항복했고 한반도에서 물러나게 되어, 한국은 광복을 맞게 되었다.

1948년 대한민국 정부가 세워지다

1950년 6·25 전쟁이 일어나다

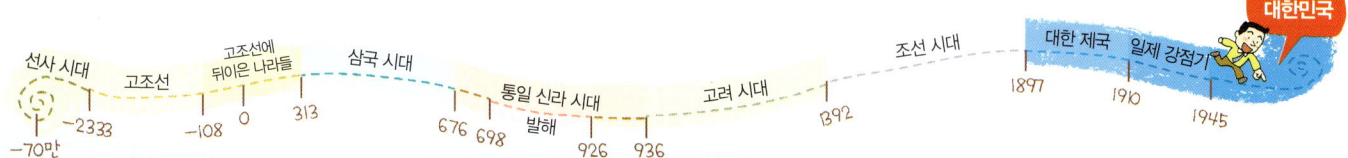

1960년 4·19 혁명이 일어나다

1961년 5·16 군사정변이 일어나다

1962년 경제개발 5개년 계획을 실시하다

1972년 유신헌법이 공포되다

1979년 10·26 사건과 12·12 사태가 일어나다

1979년 10월 16일, 부산과 마산 지역을 중심으로 박정희 대통령의 유신독재에 반대하며 민주주의를 외치는 시위가 크게 일어났다.

이 사건의 처리 문제로 권력층 내부에 갈등이 커져 가던 중 10월 26일, 18년간 장기 집권한 박정희 대통령이 저격을 당해 죽음을 맞았다. 이로써 유신체제가 막을 내리게 되었다.

유신체제가 막을 내리자 사회 곳곳에서는 새로운 민주주의 사회를 맞이할 것이라는 희망이 넘쳤다. 또 전국 곳곳에서 민주화를 요구하는 시위가 벌어졌다.

그러나 12월 12일, 전두환·노태우가 이끈 새로운 군인 세력(신군부라 한다.)이 군대를 동원해 계엄사령관 정승화를 연행하고 군의 실권을 장악했다.

우리 역사 그림 연표 **149**

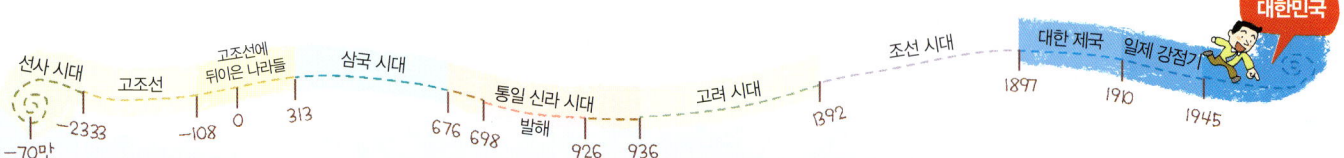

1980년 5·18 민주화 운동이 일어나다

1987년 6월 민주화 운동이 일어나고 6·29 선언으로 대통령직선제가 실시되다

1997년 외환 위기를 겪다

지도로 한번더 보는 역사 — 대한 제국·일제 강점기·대한민국 (1901년~2000년)

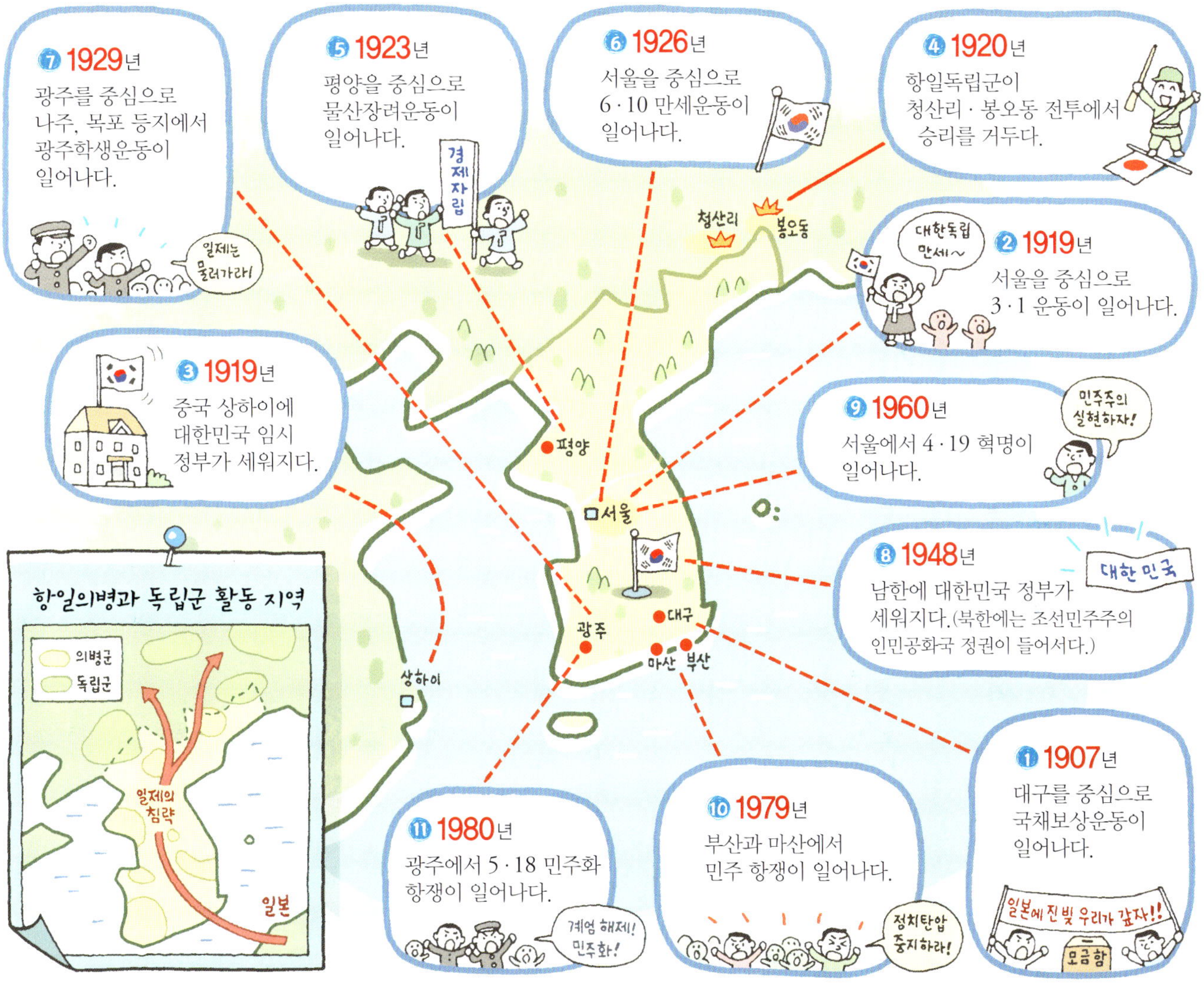

❼ 1929년 광주를 중심으로 나주, 목포 등지에서 광주학생운동이 일어나다.

❺ 1923년 평양을 중심으로 물산장려운동이 일어나다.

❻ 1926년 서울을 중심으로 6·10 만세운동이 일어나다.

❹ 1920년 항일독립군이 청산리·봉오동 전투에서 승리를 거두다.

❷ 1919년 서울을 중심으로 3·1 운동이 일어나다.

❸ 1919년 중국 상하이에 대한민국 임시 정부가 세워지다.

❾ 1960년 서울에서 4·19 혁명이 일어나다.

❽ 1948년 남한에 대한민국 정부가 세워지다. (북한에는 조선민주주의 인민공화국 정권이 들어서다.)

❶ 1907년 대구를 중심으로 국채보상운동이 일어나다.

⓫ 1980년 광주에서 5·18 민주화 항쟁이 일어나다.

❿ 1979년 부산과 마산에서 민주 항쟁이 일어나다.

항일의병과 독립군 활동 지역
- 의병군
- 독립군

이 시대엔 이런 일들도!

1909년 안중근 의사가 하얼빈에서 이토 히로부미에게 총을 쏘았다.

1918년 일제가 조선식산은행을 세워 한국의 경제력을 착취하는 앞잡이로 삼았다.

1972년 남북한이 7·4 남북공동성명을 발표해 자주평화통일 원칙에 합의했다.

1977년 100억 달러 수출 목표를 이루었다.

1988년 제24회 올림픽이 서울에서 열렸다.

1996년 대한민국이 세계경제협력기구인 '경제협력 개발기구(OECD)'의 회원국이 되었다.